GENEZENDE MUDRAS ~ Sabrina Mesko

GENEZENDE MUDRAS ~ Sabrina Mesko

GENEZENDE MUDRAS ~ Sabrina Mesko

GENEZENDE MUDRAS ~ Sabrina Mesko

Geschreven door

Sabrina Mesko Ph.D.H.

HEALING MUDRAS
Yoga for Your Hands – New edition

Healing Mudras I. – For Your Body – full color edition
Healing Mudras II. - For Your Mind – full color edition
Healing Mudras III. – For Your Soul – full color edition

CHAKRA MUDRAS - DVD double set

POWER MUDRAS
Yoga Hand Postures for Women – New edition

Mudras for the Zodiac Series:
Mudras for Aries
Mudras for Taurus
Mudras for Gemini
Mudras for Cancer
Mudras for Leo
Mudras for Virgo
Mudras for Libra
Mudras for Scorpio
Mudras for Sagittarius
Mudras for Capricorn
Mudras for Aquarius
Mudras for Pisces

MUDRA THERAPY
Hand Yoga for Pain Management and Conquering Illness

YOGA MIND
45 Meditations for Inner Peace, Prosperity and Protection

LOVE MUDRAS
Hand Yoga for Two

GENEZENDE MUDRA'S

Yoga voor je Handen

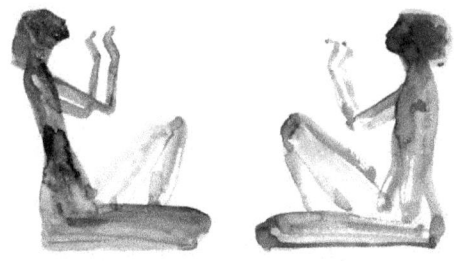

Sabrina Mesko Ph.D.H

MUDRA HANDS
Publishing

GENEZENDE MUDRAS ~ Sabrina Mesko

Het materiaal in dit boek is niet bedoeld als medisch advies.
Als u een medische aandoening of ziekte heeft, dient u een arts te raadplegen.

Nieuwe Editie

A Mudra Hands™ Book
Published by Mudra Hands Publishing

Oorspronkelijke titel: HEALING MUDRAS
Copyright 1997, 2000, 2024 Sabrina Mesko Ph.D.H.
Copyright 2008 Nederlandse vertaling Sabrina Mesko Ph.D.H.
Vertaling: Harry Naus
Ontwerp omslag: Sabrina Mesko
Foto's omslag en binnenwerk: Dorothy Low
Illustraties: Kiar Mesko
Kostuumontwerp, foto-ontwerp en styling: Sabrina Mesko

ISBN-13: 978-0692180983
ISBN-10: 0692180982

Alle rechten voorbehouden. Geen enkel onderdeel van dit boek mag worden gereproduceerd of doorgegeven in enige vorm of op enige wijze, elektronisch of mechanisch, met inbegrip van fotokopiëring, opname of door enig informatie-opslag- en retrievesysteem, zonder voorafgaande schriftelijke toestemming van de Uitgever.

Boor Bibi en Kiar…
er bestaan geen betere ouders

Inhoud

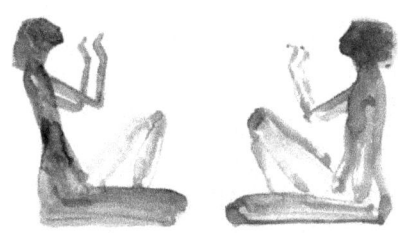

Inleiding: De geschiedenis en kunst van Mudra's	17
De beoefening van Mudra's	22
Voordat u begint	22
Waar	22
Hoe	22
Wanneer	22
Hoe vaak	22
Hoe lang	23
Meditatie	23
Ademhaling	23
Concentratie	24
Beweging van de ogen	24
Visualisatie	26
Positieve bevestiging en gebed	26
Mantra	27
De uitspraak van mantra's	28
De handen	28
De chakra's	29
Elektrische stromen	32
Genezende kleuren	32
De aura	34
Nuttige tips voor de beoefening van Mudra's	34

Deel I. Het LICHAAM — 37
Mudra

tegen ouderdomsverschijnselen	38
voor sterke zenuwen	40
voor het bewaren van uw gezondheid	42
ter voorkoming van stress	44
voor gezonde borsten en een krachtig hart	46
voor het waarnemen van de aura	48
ter voorkoming van overspannenheid	50
om psychisch te herstellen na een natuurramp	52
tegen verslavingen	54
tegen hartzeer	56
tegen vermoeidheid	58
om af te vallen	60
voor het opwekken van nieuwe energie	62
voor het in evenwicht brengen van de seksuele energie	64
voor een lang leven	66

Deel II. De GEEST — 69
Mudra

voor een goede start in de ochtend	70
tegen angst	72
voor het afwerpen van schuld	74
voor een standvastiger karakter	76
voor een betere concentratie	78
tegen bezorgdheid	80
tegen boosheid en ter voorkoming van hoofdpijn	82
voor een heldere geest	84
voor geduld	86
voor zelfverzekerdheid	88
voor het kalmeren van de geest	90
voor ouders van jonge kinderen	92
voor moeilijke tijden en tegenspoed	94
voor doelmatigheid	96
voor een kalme geest	98
voor het verminderen van zorgen	100

tegen neerslachtigheid ... 102
voor zelfvertrouwen ... 104
voor het juiste spreken ... 106
voor het openstellen ban het onderbewuste ... 108
voor mededogen ... 110

Deel III. De ZEIL ... 113
Mudra
voor goddelijke aanbidding ... 114
voor geluk ... 116
voor lidfde ... 118
voor universele energie en onsterfelijkheid ... 120
voor vertrouwen ... 122
voor innerlijke integriteit ... 124
voor het opwekken ban innerlijke kracht ... 126
voor wijsheid ... 128
voor zachtaardigheid ... 130
voor de ontwikkeling van meditatie ... 132
voor het ontvangen van leiding ... 134
voor hulp bij een ernstige situatie ... 136
voor helder inzicht ... 138
voor tevredenheid ... 140
voor voorspoed ... 142
voor een hoger bewustzijn ... 144

Over de Auteur ... 147

GENEZENDE MUDRA'S

Yoga voor je Handen

Inleiding
De Geschiedenis en Kunst van Mudra's

De reis die ik maakte om dit boek te kunnen schrijven, was lang maar inspirerend. Ongetwijfeld heb ik er heel wat levens voor nodig gehad. Ik ben ervan overtuigd dat we allemaal een doel in het leven hebben. Een doel dat we hoe dan ook willen bereiken, waarvoor we gekozen hebben… ja, nog vóórdat we geboren worden. Dit boek is mijn bestemming.

Je levensdoel vinden kan een grote uitdaging zijn. Misschien denkt u te weten waarom u op aarde bent en wat u met uw leven hoort te doen. Toch kan één incident of een reeks gebeurtenissen u danig van streek maken, uw leven op z'n kop zetten en u op een nieuw pad brengen. Het is verbazingwekkend dat dit vaak het pad blijkt te zijn dat we altijd gezocht hebben, hoewel we daar aanvankelijk geen moment aan gedacht hadden.

Ik groeide op in Ljubljana, Slovenië, en kom uit een zeer getalenteerde en artistiek begaafde familie. Mijn vader is kunstenaar en beeldhouwer, mijn moeder journaliste en linguïste. Mijn zus, een archeologe, heeft diepgaand onderzoek verricht naar Egyptische dans en mijn broer is gespecialiseerd in spirituele kunst. In mijn jeugd werd ik elke dag opnieuw omgeven door liefde en de intense waardering voor schoonheid. Ik werd me bewust van het diepe, vitaliserende effect dat kunst heeft op de kwaliteit van en het plezier in het dagelijks leven. Nog voordat ik goed kon lopen, werd ik als het ware ondergedompeld in mijn liefde voor dans en muziek. Al heel jong was ik een professionele ballerina en ik danste in veel klassieke dansgezelschappen van Europa.

Aangezien ik voortdurend een sterke behoefte voelde om mensen te helpen, leerde ik daarnaast gehandicapte en blinde kinderen hoe ze moesten dansen. Deze ervaring bevestigde mijn overtuiging dat aanmoediging en positieve feedback zeer belangrijk kunnen zijn om de uitdagingen van het leven met opgeheven hoofd tegemoet te treden. Het leven kan hard zijn. Het is dus belangrijk om elkaar en in het bijzonder de jongere generatie te laten zien hoe we onze dromen kunnen verwezenlijken en aan te geven dat dit mogelijk is zonder onze overtuigingen op de helling te zetten of een compromis met onszelf te sluiten. Ik week zeker dat er een lonende, positieve oplossing is voor elk probleem waarmee we geconfronteerd worden. Onze opdracht, elke dag weer, is het vinden van die oplossing, om dóór te zetten en het resultaat te tonen aan anderen die na ons komen. Samen zijn we in staat de wereld prettiger en harmonieuzer te maken.

Innerlijke vrede en zielskracht zijn de voorwaarden bij uitstek om effectief de dagelijkse plichten te vervullen, om onze bestemming te vinden en om vastberaden de uitdagingen van het leven tot een goed einde te brengen. De technieken in dit boek vormen de sleutel tot de onbegrensde mogelijkheden die in u besloten liggen. Krachten die al de uwe zijn, waarmee u geboren bent; u hoeft ze alleen maar te ontdekken en te ontwikkelen. Dit boek is een gids vol korte instructies. Ik neem u bij de hand en leid u naar geheime, heilige krachten die elke dag van nut kunnen zijn. Mudra is het wachtwoord dat toegang geeft tot de bastanden van uw innerlijke computer, uw ongeziene krachtcentrale. U dient alleen de functies een voor een te activeren. Het boek bevat slechts één mudra per pagina, zodat u in uw eigen tempo aan deze spirituele krachttraining kunt beginnen. Op die wijze ontdekt u een nieuwe manier waarop u uw lichaam, geest en ziel kunt herprogrammeren en zich ten volle kunt ontplooien.

Toen een rugletsel mijn carrière als ballerina dwarsboomde, kwam ik in aanraking met yoga. Uiteindelijk besefte ik dat dans niet méér was dan een brug naar mijn ware levensmissie... het bestuderen ban en het lesgeven in yoga, in het bijzonder yoga die nuttig is in het dagelijks bestaan. Mudra's zijn makkelijk uit te voeren en verbazingwekkend effectief, ook al werden ze toto nog toe niet als levenstechniek aan een breed publiek onderwezen.

Hoewel ik jarenlang diverse meditatietechnieken beoefende, had ik veel tijd nodig om dieper inzicht te krijgen in de effecten van mudra's. Naast enkele fundamentele handhoudingen die gebruikt worden tijdens algemene meditaties – het zijn er niet veel – bestaan er meer dan honderd, waarvan de meeste mensen, ook yogabeoefenaars, nog nooit gehoord hebben. In de jaren dat ik me toelegde op yoga en holistische geneeskunde, heb ik nauwelijks informatie over mudra's gevonden. Ik gaf echter niet op en ontmoette uiteindelijk geweldige, inspirerende leraren en meesters die me instrueerden in de kunst van de handhoudingen. Volgens het gezegde verschijnt de goeroe zodra de leerling gereed is. Dat gold zeker voor mij. Toen ik klaar was voor een nieuw trainingsniveau, effende een reeks gebeurtenissen en ontwikkelingen het pad voor het vinder van mijn volgende leraar. Terwijl ik mediteerde, ademhalingsoefeningen en yogahoudingen deed, had ik voortdurend de indruk dat ik me met iets vertrouwds bezighield en niet met iets nieuws. Toen ik aan de mudra's begon, besefte ik prompt dat mijn levensreis een zeer belangrijke bedoeling had gekregen. Nu schep ik veel vreugde en voldoening in het feit dat ik deze kennis en technieken met u kan delen.

Een korte Terugblik

Handhoudingen zijn van alle culturen en blijken inherent aan elke beschaving. De oude Egyptenaren gebruikten ze. En zo ook de Romeinen, de Grieken, de Perzen, de Aborigines in Australië, de Indiërs, de Chinezen, de Afrikanen, de Turken, de bewoners van de Fiji-eilanden, de Maya, de Inuit en de Amerikaanse indianen.

Ook in deze tijd zijn handgebaren heel gewoon. Denk maar aan de universele handdruk, het symbool van vriendschap en vrede. Applaus staat voor goedkeuring en enthousiasme. En de uitgestoken wijsvinger wordt gebruikt om iemand op zijn nummer te zetten. En wat te denken van het universele stopteken... de opgeheven hand met de palm naar voren.

Er zijn veel zienswijzen over de ontwikkeling van handhoudingen. Wetenschappers hebben aangetoond dat zelfs apen met hun handen communiceren. Ze zijn ervan overtuigd dat handgebaren aan de basis staan van de taal en de spraak. Een kind dat vanaf de geboorte blind is, klapt desondanks in de handen om anderen zijn enthousiasme en blijdschap te tonen. Veel handhoudingen zijn universeel en oeroud. In het Egypte van vijfduizend jaar geleden gebruikten de hogepriesters en -priesteressen ze tijdens gebedsrituelen. Occulte, sacrale gebaren vormden de sleutel tot de communicatie met goden, om wonderen af te dwingen en om contact te leggen met het hiernamaals. De Egyptenaren kerfden (in bas-reliëfs) deze sacrale houdingen op de binnen- en buitenmuren van de piramiden – handhoudingen die aan de basis van de hiërogliefen stonden. Vanuit Egypte maakte deze kennis van spirituele krachten en het gebruik ervan de sprong naar India en Griekenland.

Pas in India werden ze 'mudra's' (een woord uit het Sanskriet) genoemd. Ze waren onlosmakelijk verbonden met yoga en fungeerden samen met andere oefeningen als een brug naar de goddelijke, kosmische energie. In het hindoeïsme en boeddhisme speelden ze een essentiële rol in de communicatie met het Onnoembare. Boeddhistische priesters ontwikkelden de mudra's verder. Ze gebruiken ze tot op de dag van vandaag om gebedsdiensten af te sluiten. In het Griekenland van weleer liet Plato de handhoudingen deel uitmaken van de burgerdeugden. Bovendien classificeerde hij ze in komische, tragische en satirische handgebaren. Vanuit Egypte en Griekenland reisden de mudra's naar Rome, waar ze verankerd raakten in het alledaagse discours en de volkscultuur.

De Romeinse keizer Augustus schepte veel genoegen in de mudra's van pantomimedansers. Er volgden zelfs wedstrijden tussen deskundigen, er kwamen favorieten die Rome in de ban hielden en fans die voor verdeeldheid zorgden. De meest befaamde kunstenaar kreeg doorgaans de bijnaam 'dansfilosoof'.

Later, nog steeds in het oude Rome, deed het verhaal de ronde over een Armeense koning die keizer Nero bezocht om zijn respect te betuigen. Vlak voor zijn vertrek vroeg men hem wat hij het liefst mee naar huis wilde nemen. Hij antwoordde: 'De handdanser, want hij drukt zich beter uit met zijn handen dan mijn mensen dat met woorden doen.'

In het jaar 190 waren er in Rome zesduizend podiumartiesten die zich aan de kunst van de handhoudingen wijdden. Pas in de zesde eeuw taande de populariteit. Ook de joden gebruikten mudra's tijdens hun religieuze diensten. In veel portretten van Mozes zien we hem gebruikmaken van handhoudingen die zegen, goddelijke bescherming, spirituele kennis en Gods leiding symboliseren.

In het christendom waren de mudra's minder opvallend aanwezig. Hoewel Jezus vrijwel altijd geportretteerd werd met een handhouding, waren de meeste mensen niet onderwezen in het gelang ervan. Het Westen verloor het besef van de goddelijke, genezende werking van mudra's en men gebruikte ze doorgaans slechts als een expressief communicatiemiddel.

Een van de bekendste handhoudingen op Italiaanse schilderijen van voor en tijdens de Renaissance is die van de duim en wijsvinger die elkaar raken. Deze mudra symboliseert het ego (de wijsvinger) dat buigt voor God (de duim) in liefde en eenheid. In het volkse, Napolitaanse leven noemt men deze mudra de kus van de duim en de wijsvinger, ofwel een teken van liefde. In de wereldse portretten representeert het gebaar de goedkeuring van liefde en huwelijk. Sommige Amerikaanse indianenstammen gebruikten de mudra om aan te geven dat iets in orde was en lof verdiende.

Een andere veelgebruikte handhouding in religieuze schilderijen is de ontvangende hand, tevens een eeuwenoude mudra. Het staat voor openheid en onderzoek en is in dit boek een onderdeel van de mudra 'vragen om leiding' en eveneens van de handhouding tegen angst (blz. 102). Als u het universum, het goddelijke, om bescherming en leiding vraagt, houdt u de handpalm zo dat er iets op geplaatst kan worden, een teken dat u iets wilt ontvangen. De Amerikaanse indianen vertaalden dit gebaar met: geef me!

De uitgestoken wijsvinger die een cirkel maakt, een universele mudra, representeert 'goedkeuring' in de Italiaanse indiaanse, Japanse en in vele andere culturen. De uitgestoken, onbeweeglijke wijsvinger betekent in het volkse gebruik en in de Italiaanse kunst recht doen, iets voorstaan en uitleggen (vandaar de naam wijsvinger). Maar de mudra kan ook stilte, aandacht, opsomming, meditatie en demonstratie symboliseren.

De Amerikaanse indianen waren een van de groepen die zeer beroemd waren om hun toepassingen van de mudra's. Ze brachten ze doorgaans alleen in praktijk wanneer ze met vreemdelingen communiceerden. Aangezien ze zich in het bijzijn van de eerste blanke pioniers en kolonisten meestal van handgebaren bedienden, waren de Europeanen er zelfs van overtuigd dat 'roodhuiden' zelden spraken. Dit gedrag had uiteraard eerder met omzichtigheid te maken. Ze kozen de voor blanken onbegrijpelijke mudra's. Later zouden de indianen een sleutelrol vervullen in de communicatie met slechthorende kinderen.

In Mexico werden mudra's in oude, gedetailleerde gravures ontdekt. En niet te vergeten de schilderingen op Griekse en Homerische vazen en als onderdeel van inscripties op aardewerk. Het Chinese alfabet bestond oorspronkelijk uit afbeeldingen van handgebaren. De mudra's van de Amerikaanse indianen, de Chinezen, de Egyptenaren en de Afrikanen hebben veel met elkaar gemeen. Ik hoop dat de archeologen, antropologen en linguïsten uiteindelijk te weter komen op welke manier deze universele handhoudingen in de verschillende werelddelen opgang maakten. Mudra's staan aan de basis van alle soorten communicatie en zijn uiterst krachtig. Bovendien is deze kunst goddelijk geïnspireerd. Dankzij mudra's kunnen we met het goddelijke communiceren, onze nobelste ambities naar boven halen en ontwikkelen en een universeel begrepen taal levend houden. Mudra's vormen de brug naar het hemelse, kosmische schouwspel.

Het moment is aangebroken om het geschenk dat mudra heet, nieuw leven in te blazen, te waarderen en om de doeltreffende, zeer krachtige technieken uit vervlogen tijden te gebruiken in het dagelijks leven. Mede dankzij de mudra's kunt u uw dromen verwezenlijken, aangezien ze u bewust maken van het feit dat u uw lot in eigen hand heeft. Dit boek is de manifestatie van mijn droom om anderen van dienst te zijn. U houdt het nu in uw handen. Vanuit mijn persoonlijke ervaring weet ik dat mudra's kunnen helpen om het beste in u te laten opbloeien en dat ze lichaam, geest en ziel helpen genezen. Ze zorgen voor meer levenskwaliteit, verhogen uw bewustzijnsniveau en stimuleren uw persoonlijke krachten.

Ontdek de wereld van de mudra's en uw spirituele aard. Maak kennis met uw onvermoede talenten. Ik hoop dat u er genoegen in schept. Mudra's helpen u en daardoor ook de wereld te genezen. Ik ben eeuwig dankbaar dat ik de gelegenheid heb gekregen deze heilige leringen aan u door te geven.

Eén in geest, liefde en vrede.
Sabrina

Mudra voor het Kalmeren van de Geest

De beoefening van Mudra's

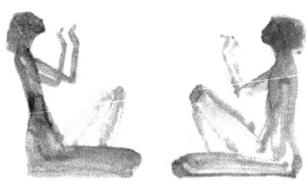

Voordat u Begint

Waar
Zoek een rustig, vredig plekje waar niemand u stoort. Indien dat niet altijd mogelijk is, weet dan dat u doorgaans de meeste onopvallende mudra's praktisch overal kunt uitvoeren.

Hoe
Een comfortabele houding is heel belangrijk. Ga in kleermakerszit op een kussen of deken zitten. Op een stoel ken ook. Zorg er dan wel voor dat uw gewicht op beide voeten gelijk verdeeld is. Houd de rug vooral recht. De houding moet comfortabel zijn en in geen gevel spierpijn veroorzaken.

Wanner
Op praktisch elk gewenst tijdstip en wanneer u ook maar de behoefte voelt om in contact te komen met de energie die de mudra u schenkt. Gaat het om inzicht of om uw meditatie te vervolmaken, dan is de beste tijd vlak na het ontwaken in de ochtend of's avonds voor het slapengaan. Doe geen oefeningen met volle maag, aangezien de fysieke en geestelijke energie zich voor het grootste deel op uw maagdarmkanaal richt om voedsel om te zetten in lichamelijke vitaliteit. Stoor dit belangrijke proces niet en oefen pas een uur na de maaltijd.

Hoe vaak
Zo vaak en zo veel mudra's als u wilt. Geef een handhouding elke dag in ieder geval minstens drie minuten de tijd om in te werken en raak er aldus vertrouwd mee. Op die manier zijn de positieve effecten het grootst.

Wie snel resultaten wil boeken, oefent een mudra tweemaal daags in sessies van minstens drie minuten. Kies een handhouding die een probleem of een ambitie symboliseert en neem u voor deze dagelijks te oefenen.

Hoe lang

In het begin minstens drie minuten per dag. Naarmate u kracht opbouwt en in staat bent de mudra langer vast te houden, en u dus meer energie ontvangt, mag in totaal elf minuten geen probleem zijn. Uiteindelijk kunt u dagelijks eenendertig minuten oefenen.

De meeste mudra's hebben meteen effect, wat zich uit in meer vitaliteit, helder denken, een vredig gevoel of inzicht. Zeer uitdagende en complexe problemen vergen meer discipline en uithoudingsvermogen. In dat geval duurt het enkele weken voordat de werking van een mudra en de diepgaande transformatie volledig zijn, met als gevolg dat u uw probleem kunt oplossen.

Meditatie

Er bestaan veel meditatietechnieken. De eenvoudigste manier voor wie nog nooit gemediteerd heeft, begint met het zoeken naar een rustig plekje waar u in een comfortabele houding gaat zitten. Richt uw aandacht op de ademhaling. Adem langzaam door de neus, concentreer u op de lucht die in en uit uw lichaam stroomt. U wordt er rustiger van en uw lichaam ontspant zich. Het is de meditatieve staat, ofwel de geestelijke basis waarop de beoefening van de mudra's gestoeld is.

Meditatie veroorzaakt een lagere lichaamstemperatuur. Indien u langer dan elf minuten wilt mediteren, moet u uw rug en schouders eerst bedekken met een sjaal.

Met behulp van mudra's en de juiste ademhaling dringt u door in de diepere meditatielagen en ervaart u vrede, ontspanning, verjonging en hogere bewustzijnsniveaus.

Uw intuïtie, geduld, wijsheid, charisma en vitaliteit nemen aanzienlijk toe.

Ademhaling

Tijdens het beoefenen van de mudra's is de juiste manier van ademen van groot belang. We onderscheiden twee soorten:

De LANGZAME, DIEPE ADEMHALING, waarbij u langzaam en diep door de neus in- en uitademt.

Tijdens de inademing ontspant u de buikspieren en zet de borstkas uit.

Gedurende de uitademing vindt het tegenovergestelde plaats en trekt u uw buik in om alle lucht uit de longen te persen. Deze ademhalingstechniek kalmeert, ontspant het lichaam en u wordt er geduldiger van.

Gedurende de KORTE, FELLE ADEMHALING ademt u veel sneller in en uit door de neus. Concentreer u op de navelstreek die uitdijt bij de inademing en die tijdens de uitademing als het ware inkrimpt. In- en uitademing duren even lang en kunnen tamelijk snel worden uitgevoerd... twee, drie ademteugen per seconde.

Deze techniek zorgt voor nog meer vitaliteit.

Beide ademtechnieken hebben een reinigende en genezende werking.

Tijdens het oefenen gebruikt u de LANGZAME, DIEPE ADEMHALING, tenzij anders staat aangegeven.

Concentratie

Terwijl u de mudra's uitvoert, is het belangrijk dat u zich op het voorhoofdcentrum tussen de wenkbrauwen concentreert. Deze 'chakra', waarover later meer, vormt de brug tussen lichaam en ziel en symboliseert bovendien de makkelijke verbinding naar de hogere energiebronnen in en rondom u.

Indien gedurende het oefenen en mediteren uw gedachten wegzweven, trekt u als het ware de teugels telkens zachtjes aan, waardoor u zich blijft concentreren op de mudra en de ademhaling. Adem in en uit. Voel het krachtige effect, de verhoging van lichaamsvitaliteit door uw hele lichaam. De effecten zijn trouwens voor iedereen verschillend. Ook het tijdstip heeft invloed. Soms tintelen uw handen en armen lichtjes, dan weer voelt u een plotselinge energiegolf door uw raggengraat flitsen. Merk op wat er met uw lichaam gebeurt. Laat het toe. Concentreer u op de verschillende emoties en accepteer ze, waardoor de genezing van lichaam, geest en ziel effectiever zal zijn.

Beweging van de Ogen

De ogen zijn belangrijk tijdens het uitvoeren van de handhoudingen. Het juiste gebruik ervan verhoogt uw concentratieniveau.

Houd za halfopen en staar zonder te forceren naar een punt net boven uw neus. Kijk niet scheel, maar gewoon schuin naar beneden, zodat u de punt van uw neus vaag ziet.

Nogmaals, forceer niets. De oefening is bovendien een uitstekende oogtraining.

Of doe uw ogen dicht en kijk, opnieuw zonder te forceren, naar het voorhoofdcentrum tussen de wenkbrauwen.

Indien u alleen met open ogen kunt mediteren, staar dan naar een denkbeeldig punt op enige afstand en ontspan uw oogleden.

Het belangrijkste is dat u *niets forceert*. Dwing uw ogen nooit in een pijnlijke, oncomfortabele blik.

Mudra van Het levenswiel – Yin an Yang

Het voorhoofdcentrum bevindt zich tussen de wenkbrauwen. Doe visualisatieoefeningen terwijl u zich concentreert op de zetel van de intuïtie. U ontvangt dan leiding en u krijgt visioenen. Het is uw opstap naar onbegrensde mogelijkheden.

Visualisatie

Dagdromen kunnen we allemaal. Het is in feite een visualisatie, waarbij u in gedachten een toestand, een wereldbeeld, een droom oproept waarin u graag wenst te leven. Visualiseren waar u wilt zijn, hoe u wilt leven en hoe u uw energie wilt gebruiken, is de eerste stap om uw ideaal te verwezenlijken. Mudra's helpen u daarbij. Geestkracht kent namelijk geen grenzen. Mediteer erover, geer ze 'body' met uw ademhaling, en uw dromen komen uit.

Bijvoorbeeld: terwijl u een mudra doet om het verouderingsproces te vertragen, visualiseert u een gezonde, jeugdige gloed om uw gezicht. Beschouw uzelf en uw gezicht als vitaal en vibrerend, alsof u uzelf oplaadt. Samen met uw geestkracht zorgen de relevante mudra's en de visualisatieoefeningen die u dagelijks oefent, voor een betere uitstraling, meer vitaliteit en een opwaardering van uw hele leven.

Nog een voorgeeld: indien u een mudra kiest om uw inzicht te verbeteren, beschouw uzelf dan als een blij persoon die een prima oplossing voor een probleem heeft gevonden. Visualiseer uw mentale toestand nu het 'euvel' zogenaamd uit de weg is geruimd. Hierdoor creëert u een positieve basis voor een goed resultaat.

Positieve Bevestiging en Gebed

Zodra u gaat mediteren, komt uw geest in nauw contact met de behoeften en wensen van uw lichaam. Dit versterkt de genezende werking. Een positieve bevestiging is belangrijk vóórdat u daadwerkelijk gaat mediteren. Deze energie kan ook gericht zijn op iemand anders, zoals u misschien gewend bent tijdens het bidden.

Bijvoorbeeld: als u een mudra kiest om af te vallen, is het van belang dat u voor uzelf bevestigt: 'Ik eet uitsluitend gezond voedsel. Ik ben gezond, in goede conditie en ik zit goed in m'n vel. Ik houd me aan mijn dieet.' Deze eenvoudige bevestiging heeft een positief effect. Indien u voor iemand anders mediteert of bidt, is het nuttig dat u de persoon in kwestie omgeven ziet door wit of violet licht. Vervolgens zegt u in gedachten: mijn vriend(in) is gezond, gelukkig en vitaal.

Zorg ervoor dat u deze verklaringen in de tegenwoordige tijd opzegt. 'Ik ben rustig' in plaats van 'ik zal of wil rustig worden.' Of: 'Dankzij meditatie los ik dit probleem op.' De positieve bevestiging veroorzaakt krachtige energievelden. Energie die de wereld instroomt waar uw wensen en intenties zich manifesteren. U bereikt uw doelen eervol en met mededogen. Gebeden en bevestigingen zijn vooral krachtig tijdens het uitvoeren van de mudra's, als uw geest dus kalm en uw concentratie intens is.

Mantra

Zoals u misschien behoefte heeft aan een bevestiging tijdens het mediteren en de beoefening van mudra's, zo wilt u misschien ook een mantra proberen. Mantra's zijn genezende Sanskrietwoorden uit vervlogen tijden. Ze hebben een positief effect op lichaam en geest als u ze tijdens de meditatie en het uitvoeren van de mudra's herhaalt. In het harde gehemelte van de mond bevinden zich achtenvijftig energieknooppunten die in verbinding staan met alle lichaamsdelen. Wie deze centra met geluidstrillingen stimuleert, beïnvloedt de mentale en fysieke energieniveaus. Bepaalde geluiden hebben dan ook een zeer genezende werking. Herhaal deze oeroude mantra's of wetenschappelijk bewezen, genezende geluidscombinaties hardop of fluisterend, zodat de meridianen in uw harde gehemelte op een specifieke manier worden geactiveerd en u de energieniveaus in uw lichaam als het ware tot herprogrammering dwingt.

We onderscheiden drie fundamentele mantra's In dit boek treft u ze in diverse combinaties aan:

EK ONG KAR
(Eén Schepper, God is één)

SATANAMA
(Oneindigheid, geboorte, dood, wedergeboorte)

HAR HARE HAREE
WAHE GURU HAR HARE HAREE
(God, de Schepper van de ultieme macht en wijsheid)

Niet elke mudra vereist een mantra. Alle mudra's kunt u in stilte beoefenen op het ritme van de ademhaling. Gebruik de mantra zodra u zich rusteloos voelt, aangezien woordconcentratie gericht denken stimuleert. Volg uw intuïtie. Indien u zich voelt aangetrokken tot mantra's, probeer ze dan gerust uit als u er baat bij denkt te hebben. Ze schenken intense vrede, blijdschap en passie; uw ziel zingt en danst op het ritme van het universum.

De uitspraak van Mantra's

A als de *a* in wat
AA als de *a* in aap
AY als de *ee* in steen
AI als de *e* in vet
I als de *i* in bit
U als de *oe* in roet
OO als de *oe* in goed
O als de *oo* in noot
E al de *ee* in steen
EE als de *ie* in riet
AAU als de *au* in miauw
SAT rijmt op 'wat'
Nam rijmt op 'mom'
WAHE klinkt als 'wa-hee'
GU klinkt als 'goe'
Benadruk de 'ch'
Spreek de medeklinker 'v' niet hard uit
Laat de 'r's' zachtjes rollen

Bij een mantra als "Haree Har Haree Har' beweegt u allen de tong, dus niet de lippen.

De Handen

Den handen en tien vingers nemen een aparte plaats in en hebben een speciale betekenis. Elke vinger correspondeert met de energie van een lichaamsdeel én het zonnestelsel. De rechterhand staat onder invloed van de zon en symboliseert de mannelijke aard. De linkerhand wordt geregeerd door de maan en representeert de vrouwelijke neiging.

De rechterhand ontvangt en de linker geeft positieve krachten. Deze betekenis vindt ook zijn weerslag in de handhoudingen. Elke vinger wordt geassocieerd met een speciale vaardigheid, tendens, een karakteristieke trek en de manier waarop hij uw leven beïnvloedt.

De *duim* symboliseert God. De andere vingers buigen als het ware voor Hem. De duim wordt geassocieerd met de planeet Mars en staat voor wilskracht, ratio, liefde en ego. De hoek die de duim ten opzichte van uw hand in ontspannen toestand maakt, zegt veel over uw karakter. Indien de duim ten opzichte van de vingers in een hoek van ongeveer negentig graden staat, wil dat zeggen dat u genereus, zachtaardig en gul bent. Een hoek van ongeveer zestig graden symboliseert logica en rationaliteit. Een hoek ven dertig graden staat voor geslotenheid, gevoeligheid en voorzichtigheid.

Iemand met een lange, krachtige duim heeft een sterke persoonlijkheid is wilskrachtig en kan zijn eigen lo bepalen.

De *wijsvinger* staat onder invloed van de planeet Jupiter en vertegenwoordigt kennis, wijsheid, macht en zelfvertrouwen.

De *middelvinger* symboliseert de planeet Saturnus en representeert geduld en emotionele zelfbeheersing. De vinger heeft om die reden invloed op de harmonie in uw leven.

De *ringvinger* staat in contact met de zon, symboliseert vitaliteit, levensenergie en gezondheid en correspondeert daarom met familie- en gevoelszaken.

De *pink* staat voor de planeet Mercurius en representeert de communicatieve, creatieve vaardigheden, de waardering van schoonheid en het bewerkstelligen van innerlijke rust.

Aan de vingertoppen kan ook het een en ander worden afgelezen. Een ovale vingertop kan duiden op impulsiviteit en gebrek aan motivatie. Een puntige symboliseert onafhankelijkheid en activiteit, en een vierkante een rationele, logische, aard.

De Chakra's

Langs de ruggengraat bevinden zich zeven belangrijke zenuw- en energiecentra. De eerste zit onder aan de ruggengraat, de zevende bij de kruin. We noemen deze centra ook wel chakra's. De energie in het lichaam verplaatst zich steevast met de wijzers van de klok mee en beïnvloedt – en wordt beïnvloedt door – onze emotionele, spirituele en fysieke gezondheid.

Om in harmonie met uzelf en uw omgeving te leven, is het belangrijk iets te weten over deze centra en hun functies.

Eerste Chakra

Symboliseert: overleven, voedsel, beschutting, moed, wilskracht, kracht om te wortelen
Positie: staarbeen
Klier: geslachtsklieren
Kleur: rood

Tweede Chakra

Symboliseert: seksualiteit, creativiteit, voorplanting, familie, inspiratie
Positie: geslachtsorganen
Klier: bijnier
Kleur: oranje

Derde Chakra

Symboliseert: ego, emotioneel centrum, intellect, geest
Positie: zonnevlecht
Klier: alvleesklier
Kleur: geel

Vierde Chakra

Symboliseert: onvoorwaardelijke ware liefde, overgave, geloof, mededogen
Positie: hart
Klier: thymus
Kleur: groen

Vijfde Chakra

Symboliseert: stem, waarheid, communicatie, hogere kennis
Positie: keel
Klier: schildklier
Kleur: blauw

Zesde Chakra

Symboliseert: bovenzintuiglijke, waarneming, visie, intuïtie
Positie: tussen de wenkbrauwen
Klier: epifyse
Kleur: indigo

Zevende Chakra

Symboliseert: universeel goddelijk bewustzijn, hemel, eenheid, nederigheid
Positie: kruin
Klier: hypofyse
Kleur: violet

Chakra's in het Lichaam

Eerste chakra: fundament
Tweede chakra: seksualiteit
Derde chakra: ego
Vierde chakra: liefde
Vijfde chakra: waarheid
Zesde chakra: intuïtie
Zevende chakra: goddelijke wijsheid

Mudra's vormen een machtig instrument om deze zenuwcentra van energie te voorzien, ze in balans te brengen, de elektrische stromen in het lichaam te activeren en de grenzeloze krachten in ons binnenste te ontketenen. *Bijvoorbeeld:* als u de mudra voor goddelijke aanbidding (zie blz. 34) uitvoert, visualiseert u de genezende chakrakleuren om en in uw lichaam en bedenkt u hoe ze het lichaam vitaliseren; u begint bij de eerste chakra en eindigt bij de zevende, de kruinchakra.

Elektrische Stromen

Naast de zeven chakra's bevinden zich in ons lichaam ook nog eens 72.000 elektrische energiestromen of zenuwkanalen, ook wel nadi's genoemd. Ze waaieren uit naar alle lichaamsdelen, van het puntje van de kleine teen tot aan de kruin. Aangezien de nadi's uw hele lichaam beïnvloeden, is het zeer belangrijk voor uw gezondheid om deze energiekanalen krachtig en actief te houden. Elke mudra stuurt en activeert de energiestromen in hun lichaamsbanen en stimuleert aldus de hersenen, de zenuwen en de organen, wat bovendien de neuromusculaire functies en de klierwerking ten goede komt.

Genezende Kleuren

Het gebruik van genezende kleuren kan eveneens heel effectief zijn tijdens het uitvoeren van de mudra's. De regenboogkleuren van de chakra's sturen hum energie en genezende kracht naar de corresponderende lichaamsdelen. Zorg gedurende de meditatie of de visualisatie- en mudraoefeningen eventueel voor relevante tinten om u heen.

Als u bijvoorbeeld de mudra voor een krachtig inzicht gebruikt, zie uzelf dan omgeven door wit of violet licht. Ze versterken uw intuïtieve vermogens. Het dragen van kleding met een bepaalde kleur beïnvloedt uw kijk op het leven eveneens drastisch.

Voorbeelden:

Rood beïnvloedt uw vitaliteit en brengt u in contact met uw wortels, de aarde.
Oranje versterkt uw seksualiteit, creativiteit en uw relaties.
Geel maakt u energieker en vuriger.
Groen is en uitstekende kleur op dagen dat u emotioneel herstelt en liefde wilt voelen.
Blauw heeft een kalmerend, vredig effect op de aura of het energieveld om uw lichaam. De kleur helpt u om de waarheid te erkennen en uit te spreken.
Indigo versterkt de intuïtieve vermogens en het zesde zintuig.
Violet is een middelpuntzoekende, kalmerende kleur die u helpt om in contact te komen met de genezende krachten in het universum.
Zwart is geschikt voor wie als een leider wil overkomen.
Wit reinigt en zuivert. Deprimerende, negatieve gevoelens en emoties verdwijnen.

Luister 's ochtends vroeg goed naar uw lichaam en kies de 'kleur van de dag'. Het moet bovendien een kleur zijn waarbij u zich op uw gemak voelt.

Mudra van Yin – Vrouwelijke Kracht

De Aura

De aura of het energieveld dat het lichaam omhult, is gemaakt van elektromagnetische golven. Inbegrepen zijn kleur, licht, geluid, warmte en emotie. Hoewel het veld ons doorgaans als een onzichtbare gloed omgeeft, is het mogelijk om met behulp van concentratie en oefening verschillende aura's te onderscheiden. Vooral de mudra voor het waarnemen van het energielichaam is heel geschikt om aura's te zien. Een zeer krachtig magnetisch veld symboliseert een goede gezondheid, persoonlijke krachten en genezende vaardigheden.

Nuttige tips voor de Beoefening van Mudra's

In het begin denkt u misschien dat sommige mudra's erg op elkaar lijken. In de praktijk zijn ze echter zeer verschillend. Zelfs het kleinste detail in de handhoudingen is van grote betekenis. Ervaring en met oog voor het detail te werk gaan, leren u het verschil voelen. Zoals ik heb aangegeven, wordt elke vingertop geassocieerd met een lichaamscentrum en energiebaan. Concentreer u tijdens het oefenen en merk het verschil en het effect van elke handhouding op. Voer een specifieke mudra uit of combineer er enkele tijdens een sessie. Luister naar uw lichaam.

Bijvoorbeeld: wanneer u gespannen bent en u zich wilt concentreren, kiest u de mudra ter voorkoming van stress. Na drie minuten oefent u de mudra voor concentratie. Naarmate u langer met die combinaties bezig bent, zullen lichaam, geest en intuïtie beter in staat zijn u te leiden. Dat is nou net de schoonheid van de mudra's; u kunt ze overal doen, wanneer dan ook, de volgorde is niet van belang. Deze oeroude wetenschap is ingewikkeld als het gaat om de voordelen, maar zeer eenvoudig in de beoefening ervan.

Met deze achtergrondinformatie over de kracht en de geschiedenis van de mudra's en enkele basisbeginselen aangaande de meditatie, begint u met een paar mudra's en probeert u de opgedane energie in uw dagelijks leven te integreren. In de volgende hoofdstukken treft u mudra's aan voor de ziel, mudra's om bepaalde lichamelijke klachten te genezen, mudra's voor de rusteloze geest en vele andere handhoudingen. U maakt kennis met tweeënvijftig traditionele mudra's en ze kunnen allemaal voor u spirituele instrumenten zijn. Ze helpen u om op een creatieve wijze uw problemen op te lossen en ze stimuleren het proces van zelfontdekking. Ik hoop van harte dat ze in staat zijn u meer inzicht, blijdschap en kracht op uw levensreis te geven.

MUDRAS

Deel I.

MUDRAS
Het LICHAAM

Uw Lichaam is uw Tempel...
Zorg er dus Goed Voor.

De vijftien mudra's in dit hoofdstuk maken u rustig, gezond en voorzien uw lichaam van nieuwe energie. Uw lichaam is een verbazingwekkende, delicate creatie en heeft dus liefdevolle zorg, het juiste voedsel en de juiste oefening nodig. Waardeer, koester, respecteer en huldig uw lichaam. Als u deze mudra's dagelijks uitvoert, brengt u uw seksuele energie in balans, voorkomt u ouderdomsverschijnselen en stress, overwint u uw verslavingen, ontspant u zich en vitaliseert u uw lichaam.

Doe naar keuze een of meer mudra's per dag en voel u energiek, ontspannen en evenwichtig. Wees geduldig, houd van uw lichaam en u wordt gezond en vitaal.

Mudra tegen Ouderdomsverschijnselen

We willen er allemaal jong en gezond uitzien. Ouder worden is echter heel gewoon en natuurlijk. Wel kunt u uw lichaam beschermen en als het ware duurzamer maken, ongeacht uw leeftijd. Hoewel een gezonde levenswijze, dus met lichaamsbeweging en een geschikt dieet, essentieel is, blijkt de gemoedstoestand het krachtigste middel tegen ouderdomsverschijnselen. Deze mudra zuivert lichaam en geest, vertraagt het ouderdomsproces en u leert genieten van de wijsheid en ervaring die de jaren u schenken.

Ademhalingstechniek en mudra zuiveren uw aura en voorzien deze van nieuwe glans. Ze regenereren bovendien de cellen, waardoor uw gezicht een jeugdige uitstraling houdt en het ouderdomsproces wordt vertraagd.

Chakra: onder aan de ruggengraat – 1

geslachtsorganen – 2

Kleur: rood, oranje

Mantra: EK ONG KAR SA TA NA MA

(De Schepper van eeuwigheid, geboorte, dood en wedergeboorte)

Herhaal dit in gedachten tijdens elke ademhaling.

Zit rechtop. Vorm met duim en wijsvinger een cirkel en leg de rug van elke hand op uw knieën, handpalmen omhoog gericht. Strek de andere vingers naar voren.

ADEMHALING: KORT EN SNEL, CONCENTREER U OP DE NAVEL DE
ADEMHALING DIENT ZO KRACHTIG TE ZIJN DAT HET GEHEEL
OP EEN 'DANS MET DE NAVEL' LIJKT.
Oefen minstens drie minuten en ontspan u.

Mudra voor Sterke Zenuwen

Natuurlijk kunt u leren om in het dagelijks leven kalm en geconcentreerd te blijven, óók in hectische tijden waarin stress de scepter zwaait. U voelt meteen de kracht van deze mudra, alsof u twee energiestromen met elkaar verbindt. Het resultaat is dat u kalm en sereen bent. Bovendien houdt hij uw zenuwen sterk.

Deze mudra versterkt uw zenuwstelsel. Door het aandrukken van de middelvinger houdt u de emoties onder controle. De druk van de pink activeert de innerlijke rust. Aangezien de mannelijke en vrouwelijke kant van het lichaam bij man en vrouw verschillend zijn, dienen mannen deze houding in spiegelbeeld te doen.

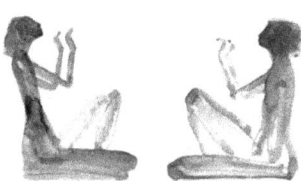

Chakra: zonnevlecht – 3

hart - 4

Kleur: geel, groen

Zit rechtop en plaats uw linkerhand op oorhoogte, handpalm naar voren gericht. Maak met duim en middelvinger een cirkel en strek de andere vingers. De rechterhand bevindt zich bij de zonnevlecht; duim en pink raken elkaar, de handpalm is omhoog gericht, de andere vingers zijn gestrekt. Mannen doen deze houding in spiegelbeeld: de rechterhand is op oorhoogte, duim en ringvinger maken een cirkel en de linkerhand bevindt zich bij de zonnevlecht, waarbij duim en pink elkaar raken.

ADEMHALING: ADEM VIER TELLEN IN EN ADEM IN ËËN KEER KRACHTIG UIT. Doe dit enkele minuten.

Mudra voor het Bewaren van uw Gezondheid

Naast het juiste dieet, een goede hygiëne en regelmatige lichaamsbeweging kunt u uw gezondheid ook beschermen met behulp van deze krachtige, oeroude mudra. Ontdek de vele voordelen van jarenlang, dagelijks oefenen.

Deze mudra brengt de distributie van rode en witte bloedlichaampjes in balans en beschermt de algehele gezondheid.

Chakra: alle chakra's
Kleur: alle kleuren

GENEZENDE MUDRAS ~ Sabrina Mesko

Zit rechtop. Buig uw rechterelleboog en breng uw hand zijwaarts op oorhoogte, handpalm naar voren gericht, alsof u een eed aflegt. Houd de gestrekte wijs- en middelvinger tegen elkaar aan. Druk de andere vingers tegen de handpalm en leg de duim eroverheen; doe hetzelfde met de linkerhand, de handpalm naar de borstkas gericht. De twee gestrekte vingers raken de hartstreek. Houd de vingers zo recht mogelijk om een sterk elektromagne tisch veld om uw lichaam te creëren.

ADEMHALING: TWINTIG SECONDEN INADEMEN, DE ADEM TWINTIG SECONDEN VASTHOUDEN EN TWINTIG SECONDEN UITADEMEN.
Trek de navel zo ver mogelijk in. Doe deze mudra enkele minuten en ontspan u.

Mudra ter Voorkoming van Stress

Tegenwoordig ontkomt vrijwel niemand aan stress. We zijn druk met van alles en jog wat en willen alles in één dag proppen, waardoor we geen tijd hebben om ons te ontspannen. Voor lichaam en geest is het laatste echter uiterst belangrijk. Doe deze mudra enkele minuten, in het bijzonder wanneer u gestrest bent. U voelt de resultaten meteen. Wellicht neemt u deze handhouding op in uw dagschema om continu een energievoorraad op te bouwen voor een leven zonder spanning.

Deze mudra voorkomt dat stress uw hersenen overbelast.
Uw zenuwen blijven sterk.

Chakra: zonnevlecht - 3
Kleur: geel

Zit rechtop. Ontspan uw armen en buig uw ellebogen, waardoor de onderarmen zich horizontaal op ongeveer drie centimeter boven de navel bevinden. De linkerhand, palm naar boven, ligt in de rechter. Houd de vingers gestrekt en tegen elkaar aan.

ADEMHALING: LANGZAAM EN DIEP. PROBEER NERGENS AAN TE DENKEN.
Doe deze mudra drie minuten en ontspan u.

Mudra voor Gezonde Borsten en een Krachtig Hart

Het lichaam heeft een zeer groot vermogen om ziekten te voorkomen en te genezen. De krachten zijn het meest effectief indien we ze bewust gebruiken om ze te activeren, in te zetten en te versterken. Mudra's stimuleren de energiestromen en houden het lichaam dankzij de genezende energie gezond en vitaal.

Als aanvulling op alle spirituele oefeningen dient de vrouw haar borsten regelmatig te onderzoeken en in harmonie te leven met het lichaam. Met behulp ban deze mudra gebruikt u energie die de lymfklieren in het bovenste deel van de borstkas zuivert, wat de gezondheid van de borsten ten goede komt.

Het hart kent geen rust. We moeten deze spier dus steeds van nieuwe, gezonde energie voorzien door ons bijvoorbeeld regelmatig te ontspannen.

Deze mudra zuivert en vitaliseert uw borstkas met genezende energie.
Dagelijks oefenen houdt uw hart gezond.

Chakra: hart - 4

Kleur: groen

Zit rechtop en ontspannen in een comfortabele houding. Houd uw armen langs uw zij, ontspan ze, handpalmen naar voren gericht. Breng nu afwisselend de onderarmen naar de hartstreek. Doe dit zeer snel. Zodra uw rechterhand bij uw borst is, is uw linkerhand lichtjes gestrekt en vice versa. Buig handen en polsen niet en raak uw borsten niet aan. Voer deze wisseling snel uit, zo'n vier keer per inademing én uitademing tot u het er warm van krijgt, waarna u zich enkele minuten ontspant.

ADEMHALING: LANGZAAM EN DIEP.

Mudra voor het Waarnemen van de Aura

Een onzichtbaar energieveld, de aura, omgeeft het lichaam. Training zorgt ervoor dat u die krachtige halo kunt waarnemen. Tijdens het oefenen van de mudra ademt u langzaam en diep en concentreert u zich. Na een tijdje voelt en ziet u de energie tussen de handpalmen stromen. Regelmatig oefenen versterkt deze vaardigheid.

Door de handen voorzichtig iets naar elkaar toe te brengen en aldus de energiegloed van de aura te manipuleren, versterkt u het energieveld, waardoor u die makkelijker waarueemt.

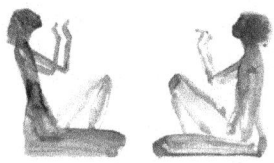

Chakra: voorhoofd - 6
Kleur: indigo

Zit rechtop, buig de ellebogen en plaats de handen voor uw lichaam, de open handpalmen tegenover elkaar, de vingers iets gebogen, alsof u een kom vasthoudt. Adem langzaam en diep in en kijk naar de ruimte tussen uw handen. Tijdens het ademen voelt u de energie van de ene hand naar de andere stromen. Na enkele minuten ziet u zelfs de gloed.

ADEMHALING: LANGZAAM EN DIEP.

Mudra ter Voorkoming van Overspannenheid

Indien u niet de rust neemt die u nodig heeft en verdient, brengt u de gezondheid van lichaam en geest in gevaar en verdroogt de bron van levensenergie. Als u zich zo moe voelt dat het onmogelijk lijkt ervan te herstellen, dan wordt het tijd om met de laatste restjes energie deze mudra te doen. Hoewel het vasthouden ervan in het begin ongetwijfeld moeilijk is, voelt u zich na drie minuten opgeknapt en zal de kracht in uw binnenste u verbazen.

Deze druk van uw vingers stimuleren de energiebanen, waardoor de levensenergie gaat stromen.

Chakra: onder aan de ruggengraat – 1

geslachtsorganen – 2

zonnevlecht - 3

Kleur: rood, oranje, geel

Zit rechtop, buig uw ellebogen en breng uw handen naar de hartstreek, waarbij u de onderarmen horizontaal houdt en de handpalmen schuin naar beneden richt. Leg de duimen diagonaal over de palm van elke hand tòt bij de basis van de ringvinger. Strek de vingers, de handpalmen zijn naar buiten gericht, en druk alleen de vingertoppen en de nagels stevig tegen elkaar aan. Haal diep adem, en adem vervolgens volledig uit.

ADEMHALING: LANGZAAM EN DIEP.
Herhaal de mudra enkele keren en ontspan u. Rust enkele minuten uit.

Mudra voor Psychisch te Herstellen na een Natuurramp

Aardbevingen, overstromingen, tor-nado's en andere natuurrampen komen helaas weleens voor. Na zo'n traumatisch voorval voelen mensen zich verward, gedesoriënteerd, kwetsbaar en angstig. Deze mudra kan meteen voor een krachtig, positief effect op uw gemoedstoestand zorgen en zal u door de naweeën van de crisis slepen, omdat uw vitaliteit weer harmonieert met de aardenergie.

Deze mudra herstelt de elektromagnetische band tussen de twee hersenhelften, waardoor u emotioneel gezien weer evenwichtig wordt.

Chakra: onder aan de ruggengraat – 1

zonnevlecht – 3

voorhoofd - 6

Kleur: rood, geel, indigo

Mantra: HARI ONG TAT SAT

(God beschikt en is de ultieme Waarheid)

Herhaal dit in gedachten tijdens elke ademhaling.

Zit rechtop. Leg uw iets gebogen linkerhandpalm over uw linkeroor, terwijl uw bovenarm zich parallel aan de vloer bevindt. Maak van uw rechterhand een vuist en strek uw arm langs uw zij. Buig dan de elleboog zijwaarts en breng de hand bij uw oor, waarbij de handpalm schuin naar voren gedraaid is.

ADEMHALING: LANGZAAM EN DIEP.
Houd dit enkele minuten vol en ontspan u.

Mudra tegen Verslavingen

Verslavende gewoonten blijken schering en inslag. Ze zijn gebaseerd op ons verlangen niet te accepteren dat we verantwoordelijk zijn voor onszelf. Dankzij de verslaving voelt de mens zich niet zo eenzaam. Een negatief effect is dat het de realiteitszin en het onder ogen zien van bepaalde problemen en situaties niet ten goede komt. We proberen onze bezorgdheid en andere vervelende gevoelens te sussen met verslavende middelen of we verleggen de aandacht van onszelf naar al even verslavende relaties.

Om een verslaving te boven te komen, moet u eerst de angst smoren.
Weet diep vanbinnen dat niets zo erg is als het lijkt. Drugs, cafeïne. alcohol, tabak, overmatig eten of dubieuze relaties maken het probleem slechts venijniger. Ook loopt het bereiken van uw levensdoel vertraging op.

U kunt elke verslaving de baas worden; u moet het alleen willen. Wie deze mudra driemaal daags drie minuten uitvoert, hoeft binnen een maand niet meer verslaafd te zijn. Werp de ketenen van u af en begin vandaag nog met het oefenen van eigenliefde.

Deze mudra heeft invloed op de lichamelijke én emotionele verslavingen en gevoelens van afhankelijkheid. De duimdruk tegen de slaap zorgt voor een ritmische reflex in het centrale zenuwstelsel, waardoor de energie die verslavingen veroorzaakt in balans komt.

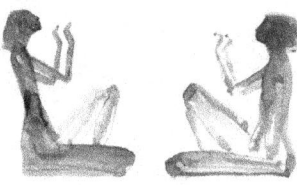

Chakra: onder aan de ruggengraat – 1

geslachtsorganen - 2

zonnevlecht – 3

hart – 4

keel – 5

Kleur: rood, oranje, geel, groen, blauw

GENEZENDE MUDRAS ~ Sabrina Mesko

Zit rechtop. Uw rug mag absoluut niet gekromd zijn, zeker niet in het lumbale gedeelte. Maak van elke hand een vuist en druk de duimen tegen de slapen, ofwel het zachte gedeelte van uw schedel. Pers tanden en lippen op elkaar. Span de kaakspieren aan door de druk op de kiezen te wisselen, waarbij u de spieren op de slapen onder uw duimen voelt. Wees u bewust van deze massage terwijl u ferme druk uitoefent op de slapen. Concentreer u onderwijl op het voorhoofdcentrum. Voer deze mudra drie tot elf minuten uit. Ontspan de armen en laat ze langs uw lichaam zakken, waarbij duim en wijsvinger van elke hand een cirkel vormen. Blijf even in die houding en ontspan u.

ADEMHALING: KORT EN SNEL, CONCENTREET U OP DE NAVEL.

Mudra tegen Hartzeer

Als uw hart gebroken is, heeft u het gevoel dat u dit verdriet nooit meer te boven komt. Hoewel kommer en kwel u aanvankelijk overweldigen, zult u op den duur begrijpen waarom u zoveel pijn moest ondergaan. Ongeacht de diepere redenen van de ellende, kunt u dankzij deze mooie mudra sneller een eind maken aan het hartzeer.

*Deze mudra helpt u ontspannen, sust de zenuwen,
en kalmeert en 'lijmt' het gebroken hart.*

Chakra: hart – 4

keel – 5

voorhoofd - 6

Kleur: groen, blauw, indigo

Mantra: HUMME HUM HUM BRAHAM

(Het aanroepen van uw onsterfelijke ziel)

Herhaal dit in gedachten tijdens elke ademhaling.

Zit rechtop. Druk de handpalmen zachtjes tegen elkaar aan, de toppen van de middelvingers bevinden zich ter hoogte van het voorhoofdcentrum. Houd de armen horizontaal, de ellebogen zijwaarts gericht. Doe deze mudra minstens drie minuten.

ADEMHALING: LANGZAAM EN DIEP; HAAL ADEM VIA DE PALMEN VAN UW HANDEN, ALSOF U WATER DRINKT.

Mudra tegen Vermoeidheid

Voelt u zich overweldigd door vermoeidheid en uitputting? Deze eenvoudige mudra keert het tij. Neem enkele momenten voor uzelf, kalmeer en adem diep in en uit.

Deze meditatie heeft een genezende werking, geeft nieuwe energie en versterkt de intuïtie.

Chakra: zonnevlecht – 3

hart - 4

Kleur: geel, groen

Zit rechtop, ellebogen zijwaarts gericht. Maak van elke hand een vuist en houd ze horizontaal ter hoogte van de zonnevlecht. Alleen de wijsvingers zijn gestrekt. De rechterhandpalm is naar beneden en de linker naar boven gericht. Let de rechterwijsvinger op de linker. De vingers kruisen elkaar precies in het midden van het middelste kootje waardoor er een speciaal meridiaancontact plaatsvindt.

ADEMHALING: LANGZAAM EN DIEP. ADEM IN DOOR DE NEUS, ADEM LANGZAAM MAAR MET KRACHT UIT TUSSEN DE GETUITE LIPPEN DOOR EN RICHT DE ADEMHALING OP DE TOPPEN VAN UW GEKRUISTE WIJSVINGERS. Mediteer over het gevoel dat de adem op uw vingers geeft en houd deze mudra enkele minuten vol.

Mudra om af te Vallen

Echte schoonheid komt van binnenuit. We zijn allemaal mooi op onze eigen, unieke manier. Het is echter een schoonheid die onder invloed staat van wat we eten. Gezond voedsel waarborgt een gezonde, vitale uitstraling. Als u naar ongezonde kost hunkert, helpt deze mudra u om u aan uw dieet te houden en uw eetlust te sturen, terwijl u zich desondanks zeer vitaal voelt.

Deze mudra bouwt uw elektromagnetisch veld op, waardoor u energie uit het universum onttrekt en u makkelijk met minder voedsel gezond blijft.

Chakra: onder aan de ruggengraat – 1

zonnevlecht – 3

kruin - 7

Kleur: rood, geel, violet

Zit rechtop en strek uw armen horizontaal naar voren, handpalmen naar boven gericht en iets gebogen. Strek uw armen heel langzaam zo ver mogelijk zijwaarts uit. Houd ze horizontaal, de handpalmen naar boven gericht. Kom al even langzaam terug in de oorspronkelijke houding; de handen raken elkaar net niet. Herhaal deze beweging en voel de energie vanuit uw kruinchakra naar uw handpalmen stromen. Zodra de handpalmen dicht bij elkaar zijn, biedt u weerstand tegen de neiging om ze elkaar te laten raken. Deze mudra zorgt voor nieuwe energie. Voer deze bewegingen minstens drie minuten uit. Ontspan uw handen op borsthoogte; de ellebogen zijn gebogen, terwijl de handpalmen naar elkaar wijzen en zich ongeveer acht centimeter van elkaar bevinden. Visualiseer de energie in de vorm van een bal die u vasthoudt. Houd deze mudra enkele minuten vol en ontspan u.

ADEMHALING: LANGZAAM EN DIEP

Mudra voor het Opwekken van Nieuwe Energie

Het is belangrijk te weten hoe we lichaam en geest vitaal houden; dit alles in het belang van de dagelijkse plichten op het werk en in de privésfeer. U kunt deze mudra altijd en praktisch overal doen. U merkt het resultaat al na enkele minuten.

Deze mudra geeft nieuwe energie en meer vermogen om de uitdagingen en taken in het leven aan te kunnen. De handen activeren en herladen het belangrijkste energiekanaal in uw ruggengraat met nieuwe vitaliteit.

Chakra: onder aan de ruggengraat – 1

geslachtsorganen – 2

kruin - 7

Kleur: rood, oranje, violet

Zit rechtop en strek uw armen horizontaal naar voren. Maak van uw rechterhand een vuist en let de vingers van uw linkerhand om de rechtervuist. De gestrekte duimen raken elkaar net niet, de onderkant van de handen daarentegen wel. Kijk naar en concentreer u op de duimen.

ADEMHALING: LANGZAAM, DIEP EN BEHEERST.
Houd dit enkele minuten vol en ontspan u.

Mudra voor het in Evenwicht Brengen van de Seksuele Energie

We worden voortdurend gecon-fronteerd met seksuele prikkels, erotisch vermaak en uitbuiting in advertenties en tv-spotjes. Deze beelden, en alles waar ze voor staan, putten onze essentiële seksuele energiebronnen uit, waardoor de seksuele relatie onder druk staat. Toch kan seks een prachtige, wederzijdse, spirituele ervaring van twee zielen zijn. Een ervaring die gerespecteerd en gekoesterd dient te worden. Tijdens de daad vindt er een dynamische uitwisseling plaats tussen twee creatieve krachten. De uitwerking beïnvloedt ons heel lang. Juist om die reden is het van belang dat we onze seksuele energie in balans brengen en in ere houden. Negatieve ervaringen uit het verleden kunnen genezen. De ultieme seksuele kracht en het genot dat eruit voorkomt, worden bereikt zodra we deze energie voortdurend sturen.

De mudra kanaliseert en brengt de seksuele energie in evenwicht, zuivert en vitaliseert de klieren. Uw seksualiteit en voortplantingsorganen hebben er veel baat bij. Voor kracht en vertrouwen in de seksualiteit legt u de rechterduim over de linker. Voor ontvankelijkheid, gevoeligheid en tederheid plaatst u de linkerduim over de rechter.

Chakra: geslachtsorganen – 2
Kleur: oranje

Zit rechtop, ellebogen iets zijwaarts gericht. Vouw de handen. De pink van uw linkerhand sluit de rij. Wanneer nu uw rechterduim zich op de linker bevindt, ervaart u de mannelijke kant. Wanneer u de linkerduim op de richter plaatst, laadt u de vrouwelijke kant op. Druk de handen stevig tegen elkaar aan en houd dit drie minuten vol. Ontspan u daarna.

ADEMHELING: ADEM KRACHTIG DOOR UW NEUS.

Mudra voor een Lang Leven

Met behulp van het juiste dieet, de juiste lichaamsbeweging en deze oeroude mudra verlengt u uw leven. Het lichaamsritme is bepalend. De mudra haalt als het ware energie uit die klok en zorgt voor het nauwkeurig afstemmen ervan. Wie deze handhouding driemaal daags drie minuten uitvoert, verhoogt de levenskwaliteit en leeft langer.

Deze mudra beïnvloedt de levenszenuw langs de ruggengraat.
Het resultaat is een nieuw lichaamsritme en een langer leven.

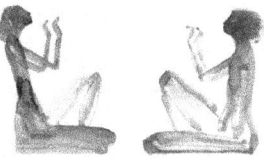

Chakra: onder aan de ruggengraat – 1
kruin - 7
Kleur: rood, violet

Zit rechtop. Strek uw armen horizontaal naar voren, de handpalmen naar boven gericht. Maak van uw handen een kom, alsof er water in wordt geschonken. Doe deze mudra minstens drie minuten en ontspan u.

ADEMHALING: SNEL EN HEFTIG; CONCENTREER U OP DE NAVEL.

Deel II.

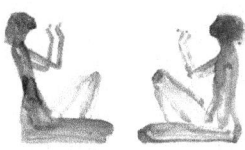

MUDRAS
De GEEST

Uw Geest kent geen Beperkingen.
Verruim Hem.

Deze eenentwintig mudra's helpen u met het oplossen van een reeks problemen die u zelf gecreëerd heeft in uw geest. Een verwarde psyche is als een op hol geslegen paard. Met behulp van discipline trekt u de teugels aan, brengt u orde in de chaos van gedachten en wordt u meester van uw geest. Maak de geest duidelijk wie het voor het zeggen heeft, waarna de ontplooiingsmogelijkheden schier oneindig zijn. Jaag de zelfgeschapen spoken van angst en onzekerheid weg en ervaar de immense kracht van de geest met behulp van deze yogaoefeningen.

U heeft de goddelijke gave van de vrije wil gekregen. Het is aan u te besluiten wat u ermee gaat doen. U heeft uw lot in eigen hand. U kunt uw toekomst op een positieve manier vormgeven, corrigeren en volledig veranderen.

Beoefen naar keuze een of meer mudra's tot uw angsten en andere mentale obstakels zijn verdwenen. Uw geest wordt helder. Tegelijk krijgt u inzicht en weet u hoe u uzelf en anderen kunt helpen. Als u zich inzet voor het goede in de wereld, zult u nooit allen zijn.

Mudra voor Een Goede Start in de Ochtend

De manier waarop u zich 's ochtends voelt, heeft invloed op de rest van de dag. Als u met een positieve instelling en uitgerust uit bed komt, bent u geïnspireerd en energiek. Uw leven zal dan gelukkiger, gezonder, vollediger en avontuurlijker zijn.

Doe deze mudra rond bedtijd voor een positieve basishouding in de ochtend. Visualiseer tijdens de oefening een witte bol van licht boven uw hoofd. U voelt zich de volgende ochtend beschermd en omgeven door wit licht.

Chakra: alle chakra's

Kleur: alle kleuren

Mantra: HAR HARE WAHE, HAR HARE WAHE

(God is de Schepper van de ultieme kracht en wijsheid)

Herhaal dit in gedachten gedurende zes inademingsfasen en tijdens de lange uitademing.

Zit rechtop ellebogen zijwaarts gericht, de handen net boven de navel en enkele centimeters van het lichaam vandaan. De handpalmen wijzen naar boven. Plaats de duim van elke hand op de nagel van de wijsvinger en strek de middel- en ringvingers en de pink. De handpalmen wijzen omhoog, de linkerhand ligt op de richterhand.

ADEMHALING: INADEMING IN ZES FASEN TERWIJL U IN GADACHTEN DE MANTRA HERHAALT; ZORG VOOR EEN LANGE, KRACHTIGE EN ONONDERBROKEN UITADEMING.
Houd dit drie minuten vol; later opbouwen tot elf minuten.

Mudra tegen Angst

Angst vormt een blokkade die ons ervan weerhoudt om onze dromen en levensdoelen te verwezenlijken. Indien u bang bent voor bepaalde zaken, zal soms de door u opgewekte, negatieve energie juist die vervelende situaties in uw leven aantrekken. Als we de angst te veel macht geven, komen wellicht 'de ergst nachtmerries uit'. Wees in dat geval sterk gemotiveerd om de angst voor eens en voor altijd te overwinnen.

De rechterhand symboliseert goddelijke bescherming.
De linkerhand representeert het ontvangen van die gift.
Deze krachtige mudra wordt in veel culturen gebruikt en helpt u alle angsten te overwinnen.

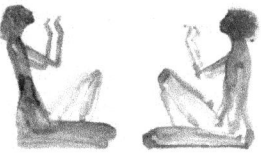

Chakra: zonnevlecht – 3

Kruin - 7

Kleur: geel, violet

Mantra: NIRBHAO NIRVAIR AKAAL MORT

(Zonder angst, zonder vijanden de onsterfelijke, persoonlijke God)

Zit rechtop. Buig de linkerarm vanuit de elleboog en breng uw hand naar de navel, de handpalm wijst naar boven. Hef uw rechterarm op en houd de hand op schouderhoogte; de handpalm wijst naar voren, de vingers zijn gestrekt. Concentreer u op het voorhoofdcentrum.

ADEMHALING: LANGZAAM EN DIEP. Beschouw uzelf als beschermd.
Koester het positieve gevoel gedurende de inademing en verwijder
de negatieve gevoelens tijdens de uitademing.

Mudra voor het Afwerpen van Schuld

We hebben allemaal in meerdere of mindere mate last van schuldgevoelens. Misschien komt dat doordat we ons in het verleden zelfzuchtig gedroegen of boos waren. Wellicht hebben we zelfs het gevoel dat we het niet verdienen om gelukkig, welvarend en geliefd te zijn. Negatieve ervaringen uit het verleden vormen vaak een blokkade en voorkomen dat we optimistisch en blijmoedig door het leven gaan. Uzelf vergeven is een noodzakelijke stap voor een bevredigend, gezond en gelukkig bestaan. Deze mudra vormt de eerste stap om uw geest te bevrijden van het juk van het verleden.

Deze mudra wekt verjongende energie op, die u helpt uw geest helder te krijgen, zodat nieuwe, positieve gedachten en mogelijkheden een kans krijgen.

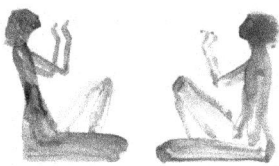

Chakra: zonnevlecht - 3

Kleur: geel

Mantra: IK BEN DE UWE, WAHE GURU

(Ik ben de Uwe, goddelijke Leraar in mij)

Herhaal dit in gedachten tijdens elke ademhaling.

Zit of kniel. Houd de rug recht, ellebogen zijwaarts gericht. Plaats uw handen tussen maag- en hartcentrum. De handpalmen wijzen naar boven, de rechterhand ligt in de linker, de bovenarmen zijn los van het lichaam. Haal langzaam en diep adem. Denk aan de deprimerende gedachten en bevrijd u daarvan tijdens de uitademing. Vervang ze met de positieve bevestiging: 'Ik vergeef mezelf', en vraag God om uw schuld te vergeven.

ADEMHALING: LANGZAAM EN DIEP.
Doe deze mudra enkele minuten en ontspan u.

Mudra voor een Atandvastiger Karakter

We willen allemaal sterke, toegewijde en loyale vrienden, en levens- en zakenpartners. Om zulke mensen in ons leven te krijgen, dienen we deze kwaliteiten eerst in onszelf te ontwikkelen. Elke dag opnieuw ondergaan we morele levenstests om verleiding, zelfzucht en een zwak karakter te weerstaan. Het proces versterkt ons. Maar als we niet slagen, blijven ze tevoorschijn komen. Deze handhouding helpt u om de uitdagingen met opgeheven hoofd tegemoet te treden, een sterk karakter op te bouwen en mensen met dezelfde kwaliteiten voor u te winnen.

Deze mudra verandert het metabolisme in uw geest en ontwikkelt blijmoedigheid en persoonlijke kracht.

Chakra: zonnevlecht – 3

Voorhoofd – 6

Kleur: geel, indigo

Mantra: HUMMEE HUM BRAHAM

(Het aanroepen van uw onsterfelijke ziel)

Herhaal dit in gedachten tijdens elke ademhaling.

Zit rechtop en houd uw armen langs uw zij, terwijl u van elke hand een ontspannen vuist maakt. Houd duimen en wijsvingers gestrekt. Breng uw linkervuist op gezichtshoogte, de rechterhand er iets boven, waarbij u de handpalmen naar binnen keert. Houd uw ogen open, kijk recht vooruit.

ADEMHALING: LANGZAAM EN DIEP.
Doe deze mudra enkele minuten en ontspan u.

Mudra voor een Betere Concentratie

Concentratie versterkt het vermogen om uw levensdoelen te verwezenlijken en trekt positieve ervaringen en positief ingestelde mensen aan. Meester zijn in het sturen van uw gedachten is het ultieme doel van concentratie, en noodzakelijk voor spirituele groei. Ook nu weer baart oefening kunst.

Deze mudra helpt u kalm te worden en versterkt het concentratievermogen.
Heiligen en wijzen gebruikten deze handhouding tijdens samadhi, de ultieme meditatieve extase.

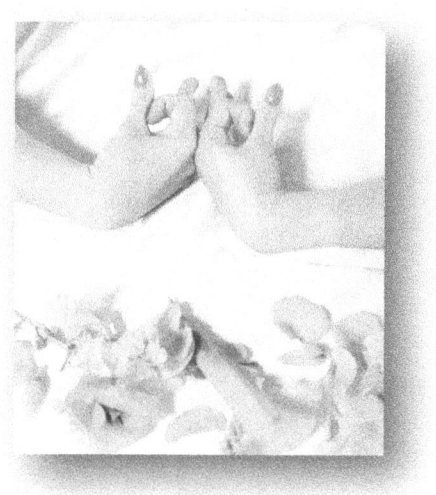

Chakra: zonnevlecht – 3

hart – 4

voorhoofd - 6

Kleur: geel, groen, indigo

Mantra: AKAL AKAL AKAL HARI AKAAL

(De onsterfelijke Schepper)

Herhaal dit tijdens elke ademhaling.

Zit rechtop, in een makkelijke houding. Maak met beide duimen en wijsvingers cirkels, de andere vingers zijn gestrekt en wijzen naar boven. Plaats uw handen net boven de navel; de gestrekte vingers raken elkaar met de achterkant en wijzen, zoals gezegd, naar boven. Sluit uw ogen en concentreer u op het voorhoofdcentrum.

ADEMHALING: LANGZAAM EN DIEP. V
erstil uw geest en concentreer u op een positieve bevestiging, zoals:
"Ik BEN het eeuwige licht in deze wereld..."

Mudra voor Bezorgheid

Bezorgheid is een veelvoorkomende reactie op de eisen en stress van het bestaan. U kunt uw bezorgdheid in toom houden door regelmatig deze mudra te doen. Bovendien kunt u een plotselinge aanval van bezorgdheid bezweren door onmiddellijk enkele minuten voor deze handhouding te kiezen. U voelt meteen het verschil. Rust en concentratie zijn uw deel.

Deze mudra kalmeert uw zenuwen, omdat elke hand voor een energiewerveling zorgt – noem het een luchtschacht – waardoor de energieën van uw bezorgdheid kunnen ontsnappen.

Chakra: zonnevlecht – 3

hart - 4

Kleur: geel, groen

Mantra: HARKANAM SAT NAM

(Gods naam is Waarheid)

Herhaal dit in gedachten tijdens elke ademhaling.

Zit rechtop. Buig de ellebogen en breng uw handen zijwaarts op oorhoogte, de bovenarmen houdt u horizontaal. De vingers zijn gespreid en wijzen naar boven. Draai uw handen vanuit de polsen van links naar rechts en vice versa. Doe dit enkele minuten en ontspan u.

ADEMHALING: LANGZAAM EN DIEP.

Mudra tegen Boosheid en ter Voorkoming van Hoofdpijn

We hebben allemaal het recht om van tijd tot tijd uit onze slof te schieten, maar het koesteren van negatieve emoties is ongezond en niet productief. Deze mudra is heel geschikt om boosheid te overwinnen en om te achterhalen hoe we deze gevoelens opeen positieve manier kunnen uiten U voelt het krachtige effect meteen; de boosheid kanaliseert zich, met als gevolg een goed resultaat of besluit.

De mudra geneest ook vaak terugkerende hoofdpijn en heeft bovendien een preventieve werking.

Deze mudra bewerkstelligt een emotioneel evenwicht. Met de duimen stimuleert u bepaalde drukpunten. Waardoor boosheid onmiddellijk plaatsmaakt voor kalmte.

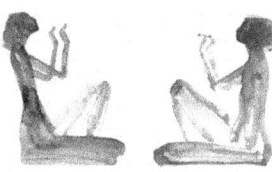

Chakra: alle chakra's

Kleur: alle kleuren

Mantra: **GO EN IK, IK EN GOD ZIJN EEN**

Herhaal dit in gedachten tijdens elke ademhaling.

Zit rechtop in een comfortabele houding. Breng de handen naar uw voorhoofd en maak van elke hand een vuist, handpalmen naar voren gericht. Houd de duimen gestrekt; ze wijzen naar elkaar. Druk op het plekje tussen ogen en neus en staar naar uw neuspunt.

ADEMHALING: LANGZAAM EN DIEP.
Doe deze mudra drie minuten en ontspan u.

Mudra voor een Heldere Geest

Deze mudra maakt uw geest helder. Dit is vooral belangrijk wanneer u voor een ingrijpende beslissing staat. Driemaal daags drie minuten oefen zorgt al binnen een week voor resultaat.

Deze mudra neutraliseert het centrale deel van de hersenen, waardoor u helderder kunt denken. De bewegende vingers stimuleren en masseren de meridiaan die het geduld, de emoties, de zonnevlecht, de zenuwen en de vitaliteit beïnvloedt.

Chakra: keel – 5

Voorhoofd - 6

Kleur: blauw, indigo

Mantra: HARE HARE HARI

(God de Schepper beschikt)

Herhaal dit in gedachten tijdens elke ademhaling.

Zit rechtop. Houd de linkerhand in de hoogte, alsof u wilt applaudisseren. Met de wijs- en middelvinger van uw rechterhand 'loopt' u langzaam, maar stevig drukkend, over de middellijn van uw linkerhandpalm naar de topjes van middel- en ringvinger. Door de druk moeten de vingers van de linkerhand meegeven. Maak deze 'wandeling' enkele keren van boven naar beneden en vice versa, terwijl u zich concentreert op de beweging.

ADEMHALING: LANGZAAM EN DIEP.

GENEZENDE MUDRAS ~ Sabrina Mesko

Mudra voor Geduld

Geduld is een deugd die werkelijk iedereen kan ontwikkelen. Het is belangrijk voor een gelukkiger, gezonder leven. Weet dat, als u iets heeft afgehandeld, wat u uiteraard naar beste kunnen heeft gedaan, u zich moet ontspannen en simpelweg dient te wachten. Prent uzelf in dat alles op het juiste tijdstip plaatsvindt, zelfs als het zinloos lijkt, en dat u daar een bijdrage aan levert.

Deze mudra transformeert uw frustraties en maakt u geduldiger en tolerant.
Uw handen wekken elektrische stroompjes op, die genezende energie naar uw zenuwen sturen.
U wordt er kalmer en geduldiger van.

Chakra: voorhoofd – 6

kruin - 7

Kleur: indigo, violet

Mantra: **EK ONG KAR SAT GURU PRASAAD**

(Eén Schepper, verlicht dankzij Gods genade)

Herhaal dit in gedachten tijdens elke ademhaling.

Zit rechtop. Vorm een cirkel met duim en middelvinger van elke hand, houd de andere vingers gestrekt en de bovenarmen horizontaal, de ellebogen zijn zijwaarts gericht. Uw handen bevinden zich op oorhoogte; de vingers wijzen omhoog, de handpalmen naar voren.

ADEMHALING: LANGZAAM EN DIEP.
Doe deze mudra enkele minuten; na elke ademhaling wordt u kalmer en geduldiger.

Mudra voor Zelfuerzekerdheid

Elke dag staat ons zelfvertrouwen onder druk. Zodra u zich eenzaam voelt in deze grote wereld en de twijfel u overweldigt, krikt deze mudra uw zelfverzekerdheid op en zult u daarin wortelen. Weet dat u nooit alleen bent.

Deze mudra heeft een sterke, positieve invloed op het gedeelte van de hersenen dat de zelfverzekerdheid beïnvloedt.

Chakra: zonnevlecht – 3

hart - 4

Kleur: geel. groen

Mantra: AD SHAKTI AD SHAKTI

(Ik buig nederig voor Gods macht)

Herhaal dit in gedachten tijdens elke ademhaling.

GENEZENDE MUDRAS ~ Sabrina Mesko

Zit rechtop, plaats uw handen in de omgekeerde gebedshouding (handruggen tegen elkaar) en houd ze bij uw hartstreek. Visualiseer de energie die van de eerste chakra langs de ruggengraat naar de kruin stroomt. Blijf anderhalve minuut in deze houding. Neem daarna de gebedshouding aan; palmen tegen elkaar, duimen tegen uw borstkas. Ook deze mudra houdt u anderhalve minuut bol. Herhaal de oefening tot u zich rustig voelt.

ADEMHALING: LANGZAAM EN DIEP.

Mudra voor het Kalmeren van de Geest

Kalmte en rust zorgen ervoor dat u zich kunt concentreren. In staat zijn om uw gedachten te richten, betekent dat het succes binnen handbereik is. Hoe kalmer de geest, hoe erger de onrust van de anderen lijkt, en hoe sneller u uw doelstellingen kunt verwezenlijken.

Deze mudra stimuleert uw hersenen zodanig dat de verstandelijke activiteiten in een rustiger vaarwater komen waardoor u zich beter kunt concentreren.

Chakra: zonnevlecht – 3

hart – 4

voorhoofd - 6

Kleur: geel, groen, indigo

Mantra: AKAL HARE HARI AKAL

(God is onsterfelijk in Zijn schepping)

Herhaal dit tijdens elke ademhaling.

Zit rechtop en kruis uw armen voor de borstkas, ellebogen in een hoek van negentig graden armen horizontaal. Leg de rechterhandpalm op de linkerarm, de linkerhand bevindt zich onder de rechterarm. Vingers strekken, niet spreiden. Voer deze mudra gedurende enkele minuten geconcentreerd uit, en ontspan u daarna.

ADEMHALING: LANGZAAM EN DIEP.

Mudra voor Ouders van Jonge Kinderen

Kinderen vragen voortdurend aandacht, leiding, geduld en wijsheid. Vaak zijn ouders overweldigd door hun eigen verantwoordelijkheids-gevoel. Ze hebben dan tijd nodig om tot rust te komen. Indien u zich enkele ogenblikken los kunt maken van uw kroost, gebruik die periode dan vooral efficiënt om u van nieuwe energie te voorzien. Deze mudra kunt u tussen alle hectische activiteiten door uitvoeren. Uw kinderen varen er ongetwijfeld wel bij.

Deze mudra helpt u om aan alle eisen van het ouderschap te voldoen.

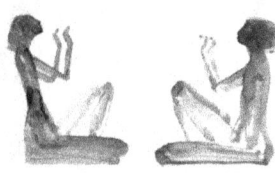

Chakra: alle chakra's
Kleur: alle kleuren
Mantra: AAD SUCH

JUGAAD SUCH

HAI BHEE SUCH

NANAK HOSEE

BHEE SUCH

(De waarheid in het begin der tijden, de waarheid van alle tijden,
de waarheid in het heden, de waarheid in alle eeuwigheid)
Herhaal dit in gedachten tijdens elke ademhaling.

Zit rechtop. Vorm een cirkel met de duim en wijsvinger van elke hand. De andere vingers zijn ontspannen, maar enigszins gestrekt; plaats handen of polsen op de knieën. Concentreer u op de kruinchakra.

ADEMHALING: LANGZAAM EN DIEP.
Doe deze mudra drie minuten en ontspan u.

Mudra voor Moeilijke Tijden en Tegenspoed

Het leven zit vol uitdagingen; ze zijn niet te vermijden. Beschouw ze niet als negatief, maar als evenzoveel perfect geplande kansen om aan uw spirituele groei te werken. Indien u het gevoel heeft dat u erg vaak pech heeft en er zich in uw binnenste een patroon van pessimisme en tegenspoed ontwikkelt, bevindt u zich wellicht in een situatie dat u energieën opwekt die deze 'tegenspoed' op nog grotere schaal over u heen storten. Met behulp van deze mudra blijven uw geest en hersenen op do goede frequentie en trekt u positieve energie en positief ingestelde mensen aan. Lijden en tegenspoed maken plaats voor kracht en innerlijke weerstand. Aan u de keuze. Regelmatig oefenen verandert uw leven.

Deze mudra heeft invloed op het centrale energiekanaal van uw lichaam en veroorzaakt een trilling die tegenspoed blokkeert en positieve energie laat binnenstromen.

Chakra: voorhoofd – 6

kruin - 7

Kleur: indigo, violet

Mantra: HAR HARE GOBINAY

HAR HARE MUKUNDAY

(Hij steunt me, Hij bevrijdt me)

Herhaal dit in gedachten tijdens elke ademhaling.

Zit rechtop. Maak van elke hand een vuist, duimen naar buiten gericht. Beweeg uw armen tegelijk naar achteren en maak grote cirkels, alsof u een levende pendule bent. Zwaai ze eerst naar voren en omhoog, daarna naar achteren en naar beneden.

ADEMHALING: LANGZAAM EN DIEP.

Ga hier enkele minuten nee door. Ontspan u en blijf een poosje stilzitten.

Mudra voor Doelmatigheid

Hoe vaak bent u in een moeilijke situatie terechtgekomen en kon u niet helder en geconcentreerd denken om zo de problemen het hoofd te bieden? Doe deze mudra een paar minuten vóór het begin van een vergadering, een examen of ontmoeting en u reageert op de best mogelijke manier.

Deze mudra beïnvloedt de energiestromen in uw lichaam en bewerkstelligt evenwicht in het zenuw– en klierstelsel, waardoor u zeer scherp kunt denken en handelen.

Chakra: hart – 4

Voorhoofd - 6

Kleur: groen, indigo

Mantra: **ATMA PARMATMA GURU HARI**

(De ziel en God, mijn Leraar in Zijn ultieme kracht en wijsheid)

Herhaal dit in gedachten tijdens elke ademhaling.

Zit rechtop, buig de ellebogen en breng de handen, met de handpalmen naar binnen gericht, naar de hartstreek op enkele centimeters van het lichaam. Strek de vingers en leg de rechterhand over de linker. Druk de duimen tegen elkaar aan en houd handen en onderarmen horizontaal.

ADEMHALING: ADEM LANGZAAM EN DIEP IN, HOUD DE ADEM TIEN SECONDEN VAST EN ADEM TIEN SECONDEN UIT. Wacht tien seconden alvorens u opnieuw inademt. Doe deze mudra enkele minuten en ontspan u.

Mudra voor een Kalme Geest

Als een gladde zee, zo moet uw geest zijn. Het kan een week duren (elke dag oefenen) voordat uw leven vrediger wordt – maar het werkt wél.

Boeddha gaf deze oeroude mudra aan zijn discipelen om hun geest te kalmeren en hen te behagen. Het schakelt zorgen en obsessieve energie uit en vervangt die door kalmerende, bruikbare vibraties.

Chakra: zonnevlecht – 3

hart – 4

keel – 5

voorhoofd - 6

Kleur: geel, groen, blauw, indigo

Mantra: MAN HAR TAN HAR GURU HAR

(De geest is met God, de ziel is met God, de ultieme Gids en Zijn ultieme wijsheid)

Herhaal dit in gedachten tijdens elke ademhaling.

Zit rechtop. Buig de ellebogen en breng de handen op navelhoogte. Buig de wijsvingers naar binnen en druk ze bij het tweede gewrichtje tegen elkaar aan. Strek de middelvingers; de toppen raken elkaar en wijzen naar voren. Buig de andere vingers naar binnen. De duimtopjes raken elkaar en wijzen naar het lichaam. Houd de handen enkele centimeters van het lichaam vandaan; ellebogen en handen bevinden zich op ongeveer dezelfde hoogte.

ADEMHALING: LANGZAAM EN DIEP.
Doe deze mudra enkele minuten en concentreer u.

Mudra voor het Verminderen van Zorgen

Ons zorgen maken doen we allermaal. Soms gebeurt het uit gewoonte. Maar er zijn momenten dat we met grote problemen worden geconfronteerd. Hoe venijnig de ellende ook is, dankzij deze mudra krijgt u er een betere kijk op en neemt u uw leven in eigen hand.

Deze mudra vermindert uw zorgen.

Chakra: hart – 4

keel – 5

voorhoofd - 6

Kleur: groen, blauw, indigo

Zit rechtop en plaats de handen op borsthoogte; de handpalmen zijn naar boven gericht, de pinken en de zijkanten van de handen liggen tegen elkaar aan. De middelvingers staan haaks op de handpalmen, de topjes raken elkaar. De gestrekte duimen wijzen schuin naar boven. De mudra mag uw lichaam niet raken.

ADEMHALING: LANGZAAM EN DIEP.
Doe deze mudra drie minuten en ontspan u.

Mudra voor Neerslachtigheid

Voor degenen die het leven soms maar niets vinden, heb ik de geschikte mudra. Wie de energie kan opbrengen om de handhouding elf minuten te doen, zal minder neerslachtig zijn. Oefen een week lang elke dag en merk het verschil. (Ga naar de huisarts indien de depressie al langer dan twee weken duurt.)

Deze kracht van deze mudra geneest de meest venijnige depressies. Door de houding van armen, handen en vingers stuurt u positieve, genezende vibraties naar de hersenen, die de klieren besturen, waardoor u snel loskomt van deprimerende gedachten. Elke sessie dient minstens elf minuten te duren.

Chakra: hart – 4

keel – 5

voorhoofd - 6

Kleur: groen, blauw, indigo

Mantra: HARI NAM SAT NAM

SAT NAM HARI NAM

(God is Waarheid in schepping)

Herhaal dit in gedachten tijdens elke ademhaling.

Zit rechtop. Strek uw armen iets uit, handen op harthoogte. Plaats de handen omgekeerd tegen elkaar aan, de vingers wijzen naar voren; let op dat zo veel mogelijk knokkels elkaar raken. Houd de armen zo mogelijk horizontaal; de duimen wijzen naar de vloer. Deze mudra wekt veel spanning op aan de achterkant van uw handen. Doe deze mudra dus niet als u de indruk heeft dat u uw spieren en pezen overbelast.

ADEMHALING: LANGZAAM EN DIEP. Doe deze mudra minstens elf minuten en bemerk dat de depressie afneemt na elke uitademing en uiteindelijk verdwijnt.

Mudra voor Zelfvertrouwen

Postief zijn – in lichaam, geest en ziel – is nodig om de dagelijkse wensen te bevredigen. Elke dag deze mudra doen, verandert uw leven. Uw zelfvertrouwen zal dermate shitteren dat u anderen inspireert.

Deze kracht van deze mudra heeft invloed op de waarnemingscentra in de hersenen, waardoor positieve energie vrijkomt. Het voorkomt ook het koesteren van gedachten en daden die uw ambities in de weg staan.

Chakra: zonnevlecht – 3

voorhoofd - 6

Kleur: geel, indigo

Mantra: EK ONG KAR SAT GURU PRASAD

SAT GURU PRASAD EK ONG KAR

(God verjaagt de duisternis en verlicht ons door zijn genade)

Herhaal dit in gedachten tijdens elke ademhaling.

Zit rechtop. Uw handen bevinden zich tussen maag- en hartstreek, del ellebogen iets zijwaarts gericht. De tweede knokkels van pink, ring- en middelvingers raken elkaar. De wijsvingers wijzen naar voren, de topjes liggen tegen elkaar aan. Buig de duimen zo ver mogelijk naar achteren; ze wijzen naar het lichaam. De eerste kootjes raken elkaar helemaal. Verder raakt u met uw duimen de zonnevlecht.

ADEMHALING: LANGZAAM EN DIEP.
Doe deze mudra enkele minuten en ontspan u.

Mudra voor het Juiste Spreken

Goed spreken is een van de vijf voorschriften of deugden die Boeddha belangrijk vond voor wie het spirituele pad betreedt. Duidelijke, heldere communicatie is zelfs essentieel om te overleven. 'Denk na voordat u wat zegt' is inderdaad een goed advies. Soms zijn we echter geneigd impulsief te reageren. Dan zeggen we dingen die ons en anderen schade toebrengen. Deze mudra zorgt voor een betere spraak en de beheersing van emoties. De handhouding helpt u te zeggen wat u wilt, zodat u ontvangt wat u wenst. U krijgt hierdoor vrienden, geen vijanden.

Deze mudra zorgt ervoor dat uw woorden stroken met uw ware bedoelingen.
Ook zult u geen dingen meer zeggen die u niet meent.

Chakra: zonnevlecht – 3

keel - 5

Kleur: geel, blauw

Mantra: HAR DHAM HAR HAR

(God is de Schepper)

Herhaal dit in gedachten tijdens elke ademhaling.

GENEZENDE MUDRAS ~ Sabrina Mesko

Zit rechtop. Ontspan uw armen, houd de ellebogen naast het lichaam en de handen bij de maagstreek. De handpalmen zijn vlak en naar boven gericht. Spreid geleidelijk uw vingers; de topjes ban de ringvingers raken elkaar. De richterpink bevindt zich onder de linkerpink. Concentreer u en span de spieren van duimen en wijsvingers zonder de vingers te bewegen. Doe deze mudra enkele seconden en ontspan u. Span nu de duimen en de middelvingers aan. Doe dit eveneens enkele seconden. Nu zijn de duim en de ringvinger aan de beurt. Blijven over de duim en pink. Herhaal de complete cyclus in omgekeerde volgorde en ontspan u.

ADEMHALING: LANGZAAM EN DIEP.

Mudra voor het Openstellen van het Onderbewuste

In ons onderbewuste dragen we de positieve en negatieve ervaringen uit het verleden met ons mee. De energie van deze negatieve herinneringen – ook als we ons daar niet van bewust zijn – blokkeren vaak de ontplooiing van ons ware potentieel. Maak contact met die herinneringen in het onderbewuste en verwijder de blokkades met behulp van deze mudra, waardoor u ruimte schept voor nieuwe, krachtige energiestromen. Richt uw daden en gedachten op het vervullen van uw levensmissie.

Deze mudra maakt deel uit van het persoonlijk evaluatieproces, waarbij de voorhoofdcentra met behulp van de vingers gestimuleerd worden.

Chakra: voorhoofd – 6

kruin - 7

Kleur: indigo, violet

Mantra: ONG NAMO GURU DEV NAMO

(Ik buig nederig voor de oneindige Schepper en doe een beroep on

Zijn oneindige creatieve bewustzijn en ultieme wijsheid)

Herhaal dit in gedachten tijdens elke ademhaling.

Zit rechtop. Ontspan en hef uw armen omhoog. De ellebogen zijn gebogen, de handen bevinden zich bij de maagstreek. Buig de vingers zodanig dat ze de basis van dezelfde vingers raken. Druk de duimen tegen elkaar aan, zo ook de tweede knokkel van de middelvingers. De andere vingers raken elkaar niet. De duimen wijzen naar het hartcentrum.

ADEMHALING: LANGZAAM EN DIEP. Concentreer u op de warmte tussen de duimen. Doe deze mudra enkele minuten en ontspan u.

Mudra voor Mededogen

Ieder van ons leeft in verschillende omstandigheden, in een ander milieu. Het lijkt of sommigen meer geluk hebben dan anderen. Hoewel we nooit onze eigen zegeningen over het hoofd hoeven te zien, moeten we zeker mededogen hebben met de minder fortuinlijken. U kunt zich de situatie van anderen nooit helemaal voorstellen, tenzij u in gelijksoortige omstandigheden heeft geleefd. Niet oordelen en mededogen voelen zijn belangrijke ervaringen die de voortgang bepalen op ons spirituele pad. Ze sturen positieve, goede energie de wereld in.

Deze mudra beïnvloedt het hartcentrum (mededogen) en de genezende kracht van de handen. Het verhoogt de bloedcirculatie naar de hersenen, maakt het denken helder en versterkt het concentratievermogen.

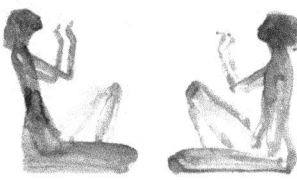

Chakra: hart - 4

Kleur: groen

Mantra: AKAL AKAL SIRI AKAL

(God, die spirituele perfectie heeft bereikt, is tijdloos)

Herhaal dit in gedachten tijdens elke ademhaling.

Zit rechtop. Strek uw armen – handpalmen naar voren – zijwaarts horizontaal uit. Doe hetzelfde met de vingers, die u niet beweegt. Draai uw hoofd vier keer naar rechts en terug naar het midden. Herhaal dat voor de linkerkant. Doe deze mudra enkele minuten en concentreer u op het hartcentrum. Richt uw aandacht op de energie in uw handen.

ADEMHALING: LANGZAAM IN ZOLANG UW HOOFD NAAR RECHTS GAAT EN ADEM LANGZAAM UIT TERWIJL U NAAR HET MIDDEN DRAAIT. HERHAAL DEZE CYCLUS AAN DE LINKERKANT.
Ontspan u en blijf enkele minuten stilzitten.

Deel 3.

MUDRAS
De ZIEL

Uw Ziel is Onsterfelijk!
Aanbid haar.

Dit hoofdstuk bevat zestien mudra's. Ze helpen u vertrouwen ti krijgen in en contact te maken met de goddelijke liefde, kracht en wijsheid – de bron en steun van alle levende wezens. Indien u leiding, liefde en innerlijke kracht nodig heeft, voed uw ziel dan met deze mudra's Zodra u uw noden heeft onderkend, ga dan door met het opbouwen van deze energie, opdat de kracht blijft binnenstromen, terwijl u contact onderhoudt met het universum en u in staat bent anderen te helpen.

Doe dagelijks een of meer mudra's Koester u in de vrede, de blijdschap en de wetenschap dat de Schepper zeer veel van u houdt en u beschermt.
   Na de oefeningen reserveert u enkele momenten in stilte en vrede om het effect te voelen. Open u voor het goddelijke en de rest zal u geschonken worden.

Mudra voor Goddelijke Aanbidding

Het doel van yoga is concentratie, kalmte en eenheid te bereiken met God, ofwel de Universele Intelligentie. Heb respect voor de Hoogste Macht, vertrouw op Hem en probeer in harmonie te leven met het universum. Dit zijn essentiële voorwaarden om innerlijke vrede te bewerkstelligen. Zodra u zich realiseert dat we gelijk geschapen en verbonden zijn met de ultieme bron van spirituele energie, voelt u zich sterker en in harmonie met alles wat leeft.

Deze mudra is het universele symbool van het gebed en werd wereldwijd gebruikt door heiligen en wijzen uit vele culturen en spirituele tradities. Soms gaat een buiging om nederigheid aan de Hoogste Macht te tonen vooraf aan deze handhouding. Handpalmen en vingertoppen raken elkaar en symboliseren eenheid, een samenzijn met God. Bovendien versterkt dit gebaar de genezende energie in uzelf.

Chakra: alle chakra's

Kleur: alle kleuren

Mantra: EK ONG KAR
(God en de Schepper zijn één)
Herhaal dit in gedachten tijdens elke ademhaling.

Neem een comfortabele houding aan. Plaats uw handpalmen tegen elkaar voor uw borstkas en concentreer u op het voorhoofdcentrum.

ADEMHALING: LANGZAAM EN DIEP.
Ontspan uw geest. Dow deze mudra minstens drie minuten.

Mudra voor Geluk

Geluk is een gemoedstoestand die van binnenuit komt, net zoals ware schoonheid uit de innerlijke, spirituele bewustzijnstoestand ontspruit. U kunt echter een keuze maken en bewust elke dag opnieuw iedere gebeurtenis blij en positief tegemoet treden en waarderen wat van u is. Indien u deze mudra regelmatig uitvoert, voelt u zich tevreden, ziet u er blij uit en bent u een voorbeeld voor anderen. Doe een bewuste poging om vandaag, morgen en de rest van uw leven gelukkig te zijn.

Deze krachtige mudra heeft veel effect op uw gemoedstoestand en zorgt ervoor dat u opgewekt en tevreden bent.

Chakra: hart – 4
Kleur: groen

GENEZENDE MUDRAS ~ Sabrina Mesko

Zit rechtop in een comfortabele houding. Buig de ringvinger en pink van elke hand en druk ze met de duim stevig, maar niet te hard tegen uw handpalmen. De wijs- en middelvingers wijzen omhoog. Houd de rug recht en de ellebogen zijwaarts van uw lichaam vandaan.

ADEMHALING: LANGZAAM, DIEP EN BEHEERST; CONCENTREER
U TIJDENS DE ADEMHALING OP HET VOORHOOFDCENTRUM.

Mudra voor Liefde

De liefde transformeert ons, ongeacht of het de liefde voor een kind, voor de ouders, een vriend, een geliefde of welk ander levend wezen is. Liefde maakt het leven de moeite waard. Liefde voelen voor de hele wereld en daarvan getuigen is de spirituele missie die aan de basis staat van het leven van ieder mens. Houd van uzelf, van de mensheid, van God en u zult elk doel bereiken.

Deze mudra activeert de energiestromen die het gevoel van liefde stimuleren.

Chakra: hart – 4

Kleur: groen

Mantra: SAT NAM WAHE GURU

(God is de Waarheid, Hij is de ultieme kracht en wijsheid)
Adem acht tellen in; de uitademing duurt één tel.
Tijdens de inademing herhaalt u de mantra in gedachten tweemaal.

Zit rechtop. Buig de middel- en ringvingers en druk ze tegen uw handpalmen. Strek de duim en de andere vingers. Houd de armen omhoog, concentreer u en doe deze mudra gedurende enkele minuten Boel de liefde en het licht om u heen.

ADEMHALING: ADEM ACHT TELLEN IN, ADEM DIEP EN KRACHTIG UIT.

Mudra voor Universele Energie en Onsterfelijkheid

We gebruiken dagelijks slechts een klein deel van ons bewustzijn. Deze mudra stimuleert de hersenen, zodat u hun capaciteit kunt vergroten. Door ervoor te zorgen dat de energie door lichaam en geest stroomt en te leren hoe u uzelf als het ware elke dag opnieuw oplaadt, blijft u nauw verbonden met de levensenergie en het universum als geheel.

Deze mudra komt lichaam én geest ten goede.
Via de handen stroomt de levensenergie door lichaam, geest en ziel.

Chakra: onder aan de ruggengraat – 1

kruin - 7

Kleur: rrod, violet

Mantra: HARE HARE HAREE WAHE GURU

(God is de Schepper van de ultieme kracht en wijsheid, is de spirituele leraar en gids ons uit de duisternis leidt)
Herhaal dit in gedachten tijdens elke ademhaling.

Zit rechtop. Buig uw ellebogen, houd de armen zijwaarts iets gestrekt en de handen op harthoogte. Armen en borstkas vormen twee v's. De handpalmen wijzen omhoog, de vingers raken elkaar. Concentreer u op het voorhoofdcentrum, voel de energie in uw handpalmen stromen. Ontspan u en geniet van een intens vredig gevoel.

ADEMHALING: LENGZAAM, DIEP EN BEHEERST.

Mudra voor Vertrouwen

Zonder vertrouwen is geen enkele relatie een lang leven beschoren. Heb eerst en vooral geloof en vertrouwen in uzelf, in uw geestkracht en in de oneindige wijsheid van het universum. Vertrouwt u uzelf? Gelooft u in uzelf? We zijn allemaal verbonden met God en de ultieme creatieve kracht in en om ons heen. We zijn nooit alleen, we worden nooit vergeten. Zelfvertrouwen en spirituele overtuiging vormen een magneet voor andere mensen, waardoor u vertrouwensrelaties opbouwt. De kracht van de overwinning zit altijd in uzelf. U bent het middelpunt, alles begint bij u.

Dankzij deze mudra bouwt u zelfvertrouwen, geloof en spiritueel evenwicht op, waardoor u elke uitdaging aankunt en voortdurend Gods hand is uw leven ziet.

Chakra: kruin - 7

Kleur: violet

Mantra: HAR HAR HAR WAHE GURU

(God Schepper, Zijn ultieme kracht en wijsheid)
Herhaal dit in gedachten tijdens elke ademhaling.

Zit rechtop. Vorm met uw armen een cirkel om uw hoofd, handpalmen naar beneden gericht. Vrouwen houden de rechterhandpalm boven de linker, mannen de linkerhandpalm boven richter. Druk de duimtoppen zachtjes tegen elkaar aan, houd uw rug recht en visualiseer een beschermende cirkel van energie om u heen.

ADEMHALING: KORT EN FEEL, CONCENTREER U OP DE NAVEL.
Neem deze houding enkele minuten aan. Ontspan u en blijf een poosje stilzitten.

Mudra voor Innerlijke Integriteit

Ieder mens wordt van tijd tot tijd geconfronteerd met moeilijke situaties. Beschouw ze als een karaktertest. Zelfs als we de neiging hebben om emotioneel te reageren op een specifieke omstandigheid, moeten we toch proberen verstanding en rationeel te zijn. Door als het ware ongeschonden te blijven, besparen we onszelf en onze geliefden veel leed, spijt en onnodige pijn. Zodra u in een moeilijke situatie terechtkomt, trekt u zich enkele minuten terug en voert u deze krachtige mudra uit. Bemerk hoe uw hart en geest verstillen.

Deze mudra versterkt het vermogen aandachtig te zijn en integer te blijven, waardoor u onder stress de juiste keuzes maakt en adequaat reageert.

Chakra: keel – 5

voorhoofd - 6

Kleur: blauw, indigo

Mantra: SAT NAM

(Waarheid is de naam van God, één in Geest)

Herhaal dit in gedachten tijdens elke ademhaling.

Zit rechtop houd uw bovenarmen horizontaal. Buig de ellebogen, houd de onderarmen verticaal en de handen op oorhoogte, de handpalmen wijzen naar voren. Buig uw vingers naar binnen tot ze de handpalmen raken. Strek de duimen in de richting van de slapen. Blijf minstens drie minuten in deze houding, waarna u zich ontspant.

ADEMHALING: KORT EN FEL. CONCENTREER U OP DE NAVEL.

Mudra voor het Opwekken van Innerlijke Kracht

We bezitten allemaal een enorme reserve aan innerlijke kracht en wijsheid. In deze aangeboren, spirituele bron vindt u het antwoord op al uw problemen. Deze mudra helpt u om uit die bron te putten, om in contact te komen met de universele, oneindige kracht in uw binnenste.

Deze handhouding op borsthoogte activeert de derde en vierde chakra (krachtcentra).
Verheug u op innerlijke kracht en moed..

Chakra: zonnevlecht – 3
hart - 4
Kleur: geel, groen

GENEZENDE MUDRAS ~ Sabrina Mesko

Zit rechtop Buig de wijsvinger van elke hand en leg de duim eroverheen. Strek de drie andere vingers. De rechterhand bevindt zich iets lager dan de linker de toppen van de rechter middel – en ringvinger raken de eerste kootjes van de linker middelen ringvinger. Houd de handen op borsthoogte, ellebogen zijwaarts gericht, waardoor uw onderarmen en handen horizontaal blijven.

ADEMHALING: ADEM IN VIER FASEN DOOR DE NEUS IN,
MAAK VAN UW LIPPEN EEN 'O' EN ADEN UIT MET EEN FLUITTOON.
Blijf drie minuten in deze houding. Ontspan u daarna en voel de kracht in uw binnenste.

Mudra voor Wijsheid

Zodra we de geest helder maken, ons concentreren en deze oeroude mudra doen, staan we in contact met de aangeboren, goddelijke wijsheid. U kunt elk conflict aan, omdat de mudra u helpt de individuele problemen als het ware op een lager plan te zetten en het groter geheel te zien, waardoor de situatie een meer verheven betekenis krijgt. Dankzij dit bredere perspectief kunt u uzelf én anderen helpen. Deze zeer krachtige mudra vergt echter toewijding. Oefen dagelijks gedurende drie weken. U krijgt dan makkelijker antwoord op uw vragen en u zult het doel achter elke levensuitdaging doorzien.

Deze mudra stimuleert de hersenzenuw en opent de deur naar hogere kennis en wijsheid.

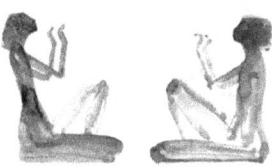

Chakra: voorhoofd - 6
Kleur: indigo

Zit rechtop. Leg uw duimen op de handpalmen en plaats de laatste drie vingers van elke hand eroverheen. Houd de wijsvingers gestrekt. Ontspan uw schouders, ellebogen zijwaarts gericht. Plaats de handen op borsthoogte en haak de wijsvingers in elkaar, waarbij de rechterhandpalm naar de vloer ende linkerhandpalm naar de borstkas wijst. Houd de onderarmen horizontaal.

ADEMHALING: LANGZAAM EN DIEP.

Voer deze houding drie tot elf minuten uit. Ontspan u daarna en blijf een poosje stilzitten.

Mudra voor Zachtaardigheid

Er zijn van die momenten dat we niet goed in ons vel zitten. We gedragen ons dan bits en onvriendelijk tegen hen die we lief hebben. Misschien reageren we onnadenkend, en hoewel we wellicht niet menen wat we zeggen of doen, kunnen onze woorden en ons gedrag veel leed veroorzaken. Als we in onze kindertijd nooit hebben geleerd om kalm en aardig te zijn, of als we er nooit getuige van zijn geweest, kan het moeilijk blijken om deze deugden als volwassene in praktijk te brengen. Zachtaardigheid is een van de grootste kwaliteiten van de ziel. Wie zich zachtmoedig gedraagt, trekt aardige, liefhebbende mensen aan, zal gelukkiger zijn en een intenser gevoel van levensvervulling ervaren.

Deze mudra corrigeert het elektromagnetisch veld van de hersenen en zorgt voor kalmte en zachtmoedigheid

Chakra: keel – 5

Kruin - 7

Kleur: blauw, violet

Mantra: HARI ONG HARI ONG TAT SAT

(God beschikt en is de ultieme waarheid)

Herhaal dit in gedachten tijdens elke ademhaling.

Zit rechtop. Maak twee vuisten en druk met de muis van uw duimen (van elke hand) zachtjes tegen uw slapen. Spreid daarna de vingers en sluit uw ogen. Maak opnieuw vuisten en druk de muis van uw duimen tegen het slaapbeen.

ADEMHALING: LANGZAAM EN DIEP.
Doe deze houding enkele minuten. Ontspan u daarna en blijf een poosje stilzitten.

Mudra voor de Ontwikkeling van Meditatie

Sommigen hebben misschien moeite met de gedachte langer dan enkele seconden in één houding te zitten. Lang stilzitten is trouwens in bepaalde levensfasen voor iedereen moeilijk. Meditatie is slechts een kwestie van discipline en oefening. Leren hoe u uw geest moet verstillen en nop z'n minst enkele minuten mediteren is essentieel voor uw welzijn. Dagelijks even mediteren verandert uw leven op een positieve manier. Hoe eerder u ermee begint, hoe sneller u de schitterende resultaten op alle levensniveaus en –gebieden voelt.

Dit is een meditatie voor hen die niet kunnen mediteren.
De mudra zorgt voor concentratie en een sereen gevoel; zelfs de meest onbeheerste, verstrooide geest heeft er baat bij.
De mantra stimuleert de verbondenheid met de universele kracht, ofwel de 'hartslag van het leven' die zich in ons bevindt.

Chakra: all chakra's

Kleur: alle kleuren

Mantra: SAT NAM

(Waarheid is de naam van God, één in Geest)

Herhaal dit in gedachten bij elke hartslag.

Zit rechtop. Voel met de vier vingers van uw rechterhand de polsslag van uw andere hand. Druk er zachtjes op en voel de hartslag in elke vingertop. De handpalmen liggen tegen elkaar aan. Sluit de ogen en concentreer u op het voorhoofdcentrum.

ADEMHALING: LANGZAAM EN DIEP.
Doe deze mudra elke dag drie minuten gedurende een week.

Mudra voor het Ontvangen van Leiding

Ieder individu is spirituele kennis en wijsheid geschonken. Het antwoord op al uw vragen bevindt zich in uw hart. U kunt er elk moment over beschikken, vierentwintig uur per dag, inclusief de weekends. Het is gratis, er zijn geen wachtlijsten, reserveren hoeft niet en uw kredietwaardigheid wordt niet gecheckt. U bent, kortom, de vip. U moet alleen kalm, geconcentreerd en ontspannen worden en deze mudra als sleutel gebruiken om de magische deur te openen. Vraag en u zult raad ontvangen.

U ontvangt energie en zegen via de handpalmen. Wanneer u naar uw handen kijkt, stuurt u genezende krachten naar uw geest, waar u leiding ontvangt.

Chakra: kruin - 7
Kleur: violet

Zit rechtop. Plaats uw handen palmen omhoog, tegen elkaar aan op borsthoogte. U vormt aldus een kom. Laat echter een kleine ruimte tussen uw pinken open. Kijk langs het topje van uw neus naar de handpalmen.

ADEMHALING: LANGZAAM, DIEP EN IN DE RICHTING VAN DE HANDPALMEN.

Mudra voor
Hulp bij een Erustige Situatie

Verdriet en pijn kunnen ons overvallen. Het is dus belangrijk te weten hoe u zich kunt wapenen tegen een zenuwinstorting. In uw hart zetelen de gevoelens en de liefde. In het ergste geval krijgen we inderdaad pijn op de borst en in de hartstreek. De genezende kracht van uw handen tijdens het uitvoeren van deze mudra versterkt het hart en zorgt voor evenwicht, emotionele reserve en een algemeen welbehagen.

Deze eenvoudige mudra uit vervlogen tijden helpt u om elke erustige situatie of een intens conflict het hoofd te bieden.

Chakra: hart - 4

Kleur: groen

Mantra: HUMEE HUM, BRAHAM HUM, BRAHAM HUM

(Het aanroepen van uw onsterflijke ziel)

Herhaal dit in gedachten tijdens elke ademhaling.

Zit rechtop. Leg uw handpalmen zachtjes en ontspannen tegen uw borstkas, de gestrekte vingers wijzen naar elkaar, de ellebogen zijn zijwaarts gericht. Dit is een comfortabele houding, waarbij u nauwelijks of geen spanning in armen en handen voelt.

ADEMHALING: LANGZAAM EN DIEP.

Herhaal dit enkele keren en merk op dat kalmte en vrede u steeds meer omgeven.

Mudra voor Helder Inzicht

Als u niet zeker weet hoe u moet reageren op een probleem en u zich eenzaam en verward voelt, weet dan dat het antwoord op elke vraag in uw binnenste te vinden is. Adem diep, kalmeer, concentreer u. Met behulp van deze mudra krijgt u het benodigde inzicht. Regelmatig oefenen verscherpt de intuïtie, waardoor u niet alleen uzelf, maar ook anderen kunt helpen om de bron van innerlijke kracht aan te boren. Alles wat u nodig heeft om tot inzicht te komen, vindt u in de ziel.

Deze mudra coördineert de hersenen en stimuleert de inzichtcentra.

Chakra: voorhoofd - 6
Kleur: indigo

Zit rechtop, ellebogen zijwaarts gericht. Plaats uw handen net boven de navel, de linkerhand ligt in de rechterhandpalm, duimen links over rechts gekruist. Concentreer u op het voorhoofdcentrum.

ADEMHALING: LANGZAAM EN DIEP.

Mudra voor Tevredenheid

Verelende momenten. Wie kent ze niet? Sommigen dragen die echter langer in hun hart dan nodig is. Het verleden koesteren heeft grote invloed op het heden en de toekomst. Het is dus belangrijk een plekje in uw binnenste te vinden van waaruit u tevreden en sereen uw leven kunt aanschouwen. Deze handhouding werpt al na enkele minuten vruchten af. Dagelijks oefenen zal uw leven veranderen.

Deze mudra geeft u een tevreden, knus gevoel. Het contact tussen uw vingertoppen zorgt ervoor dat uw lichaamsenergie in balans is en in de juiste richting stroomt.
De houding versterkt bovendien het vermogen om in contact te komen met uw hogere zelf.

Chakra: zonnevlecht - 3

Kleur: geel

Mantra: SARE SA SA SARE SA SA SARE HARE HAR

(God is oneindig in zijn creativiteit)

Herhaal dit in gedachten tijdens elke ademhaling.

Zit rechtop. Vorm met de duim en middelvinger van uw rechterhand en de duim en pink van uw linkerhand twee cirkels. Ontspan de andere vingers. Houd de handen enkele centimeter van de navelstreek vandaan. Mannen doen de mudra in spiegelbeeld.

ADEMHALING: LANGZAAM EN DIEP.
Mediteer enkele minuten, maak daarna van beide handen een vuist en ontspan u.

Mudra voor Voorspoed

Lichamelijke, emotionele en materiële voorspoed horen bij uw geboorterecht. Hoe bereikt u dit? Zorg eerst voor duidelijke doelen en voornemens. Beschouw uzelf als succesvol, als iemand die zijn droom verwezenlijkt. Vervolgens verwijdert u met behulp van deze mudra alle mentale en emotionele blokkades uit het verleden en maakt u een praktisch, realistisch en haalbaar plan. Doe deze mudra dagelijks elf minuten gedurende vier weken en let op wat er gebeurt. U ziet uw levenspad duidelijk voor u en alle gedane moeite wordt beloond.

Via de handpalmen en met behulp van de bewegingen ontvangt u genezende krachten. Indien u deze mudra combineert met de mantra 'Har', zal voorspoed zeker uw deel zijn.

Chakra: onder aan de ruggengraat – 1

geslachtsorganen – 2

zonnevlecht - 3

Kleur: rood, oranje, geel

Mantra: HAR HAR

(God, God)

Herhaal dit hardop tijdens elke uitademing, concentreer u op de navel.

GENEZENDE MUDRAS ~ Sabrina Mesko

Zit rechtop en plaats de handen met de wijsvingers tegen elkaar aan, waarbij de duimen zich onder de naar beneden gerichte handpalmen bevinden. Druk de wijsvingers enkele seconden stevig tegen elkaar aan. Draai de handen om, handpalmen naar boven gericht, pinken tegen elkaar aan. Draai de handen na een moment opnieuw om, waarna u telkens de zijkant van de handen tegen elkaar aan drukt. Steeds als u van houding wisselt, herhaalt u de mantra 'Har'. Houd dit drie tot elf minuten vol.

ADEMHALING: KORT EN SNEL OP HET RITME VAN DE HOUDINGSWISSELING. ADEM VANUIT DE NAVEL EN HARHAAL DE MANTRA.

Mudra voor een Hoger Bewustzijn

Bewustzijnsverhoging is het ultieme doel van het leven. Iedereen verlangt ernaar om kalm te blijven in de stormen van dit bestaan en niet, zoals de meesten, in verwarring te raken. Zoek de antwoorden en oplossingen in uzelf. Ze zijn op elk moment beschikbaar. Toegang krijgen tot die bron vereist oefening en discipline. Het is aan u om de stap te zetten. Wie bewust zoekt, vindt het antwoord. Sterker nog, u heeft het altijd al geweten.

Deze mudra tilt u naar een hoger bewustzijn.
U krijgt een verdiepte intuïtie en meer spirituele kracht.
Dit alles geeft u een beter begrip van het verborgen doel achter de dagelijkse gebeurtenissen en uitdagingen.

Chakra: zonnevlecht – 3
Kruin - 7
Kleur: geel, violet

Zit rechtop. Leg uw handpalmen tegen elkaar aan, de ellebogen zijn zijwaarts gericht. Breng uw handen naar uw hartstreek. Plaats de duim tegen de basis van de pink van dezelfde hand. Druk de handen zachtjes tegen elkaar aan, waarbij de rechterduim zich iets hoger bevindt dan de linker. Druk de onderkant van de handen stevig tegen elkaar aan. Houd de handen een paar centimeter van uw lichaam vandaan.

ADEMHALING: LANGZAAM EN DIEP.
Doe deze mundra enkele minuten en verleng de periode. Ontspan u en geniet.

Over de Auteur

Sabrina Mesko deed al aan ballet toen ze drie was. In haar tienerjaren danste ze in een professioneel balletgezelschap. Terwijl ze herstelde van rugletsel ontdekte ze haar passie voor yoga. Ze oefende dagelijks, een discipline die ze gedurende haar carrière en voor de rest van haar leven zou blijven volhouden.

Als Broadway-danseres reisde ze over de hele wereld. Ze blonk uit in twee rollen op de Europese tv, startte een carrière al zangeres en componeerde muziek.

Het was in New York dat ze voor het eerst de Indiase yogameester goeroe Maya leerde kennen. Haar zoektocht om spirituele verlichting en expressie te combineren met behulp van muziek, bracht haar tot in Los Angeles. Terwijl ze eigen composities opnam, bestudeerde ze diverse spirituele leringen en meditatietechnieken van yoga en sloot ze een studie van vier jaar af onder leiding van de wereldberoemde meester Paramahansa Yogananda, waarna ze zich op kriya-yoga toelegde.

Ze studeerde cum laude af aan het internationaal bekende Yoga Collega of India en mocht zich gediplomeerd yogatherapeute noemen. Ze studeerde door; ze leerde genezende ademhalingstechnieken onder leiding van Sri Sri Ravi Shankar en haalde het baccalaureaat aan de Sensory Approaches to Heling. Ze heeft een meestertitel op het gebied van holistische wetenschap en behaalde haar doctoraat van de Ancient and Modern Approaches to Healing aan het American Institute of Holistic Theology.

Ze wilde haar eigen unieke yogaprogramma ontwikkelen. Terwijl ze privé lesgaf, merkte Sabrina een zeer significante verandering op bij haar studenten. Dankzij de genezende werking van haar training werden de cursisten rustig, vrolijk en kregen ze meer zelfvertrouwen.

Haar fascinatie voor de studie van krachtige handhoudingen, of mudra's, bracht Sabrina bij de meester die haar missie in het leven herkende en haar de geheime mudra's leerde. Ook gaf hij haar de verantwoording om deze oeroude, zeer effectieve kennis wereldwijd te verspreiden.

Als doctor in de gezondheidstheologie richt ze zich in het bijzonder op genezing met behulp van muziek en dans. Ze combineert haar ervaring en kennis, met als doel het starten van nieuwe, heilzame projecten en wil daarmee liefde vrede en verlichting over de wereld verspreiden.

Ga voor meer informatie over haar online cursussen, onder haar persoonlijk toezicht, naar MUDRAAS LERARENOPLEIDING en MUDRA THERAPIE naar haar website:
WWW.SABRINMESKO.COM

www.ingramcontent.com/pod-product-compliance
Lightning Source LLC
Chambersburg PA
CBHW080556090426
42735CB00016B/3259